Werner Johannes Neuner

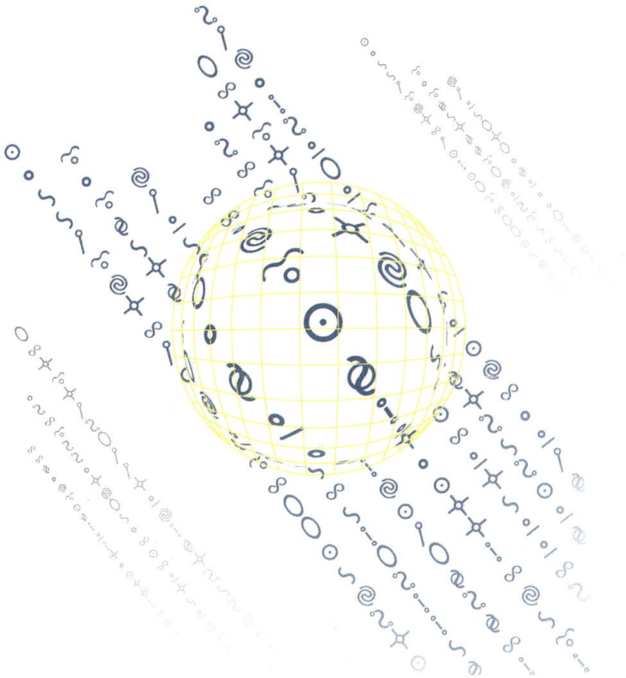

Die Matrix des Bewusstseins

Wege zu Erfolg, Gesundheit und Wohlbefinden

Limarutti Verlag

Autor: Werner Johannes Neuner

Lektorat und Umschlaggestaltung:
Gertraud Breinbauer

2. Auflage

Verlag:
Limarutti Verlag

Schröttergasse 8, 8010 Graz
Österreich
Tel./ Fax: +43 316 318996 / -15

Home: www.limarutti-verlag.at
Email: office@limarutti-verlag.at

ISBN: 978-3-902280-30-5

Inhaltsverzeichnis

Vorwort

Wir haben dieses Buch geschrieben, um mögliche Wege aufzuzeigen, über die der Mensch die Fülle seiner schöpferischen Fähigkeiten entdecken und entfalten kann. Wir haben dabei ein völlig neues Bild von *Bewusstsein* beschrieben. Denn für uns ist unser Bewusstsein jener „Ort“ an dem unsere Fähigkeiten potentiell angelegt sind.

Wir haben in diesem Buch Methoden dargestellt, mit denen wir bewusst auf das uns umgebende morphogenetische Feld einwirken können, um das persönliche Leben erfolgreich, freudvoll und in Wohlbefinden zu gestalten.
Wir verwenden dabei *Symbole*, welche wie *Sinnbilder* auf unser Bewusstsein wirken und dort jene Potentiale erwecken, die darin veranlagt sind und auf Entfaltung drängen. Symbole haben stets eine verbindende Kraft, das griechische Wort *Symbolon* steht für Verbindung. Jene Symbole, die wir hier dargestellt haben, verbinden uns mit jener Kraft unseres Bewusstseins, durch die wir unsere Wirklichkeit kreativ gestalten können.

Wir haben weiters immer wieder *Projektionsbilder* verwendet, Mandalastrukturen, die ebenfalls sehr intensiv auf unser Bewusstsein einwirken. Durch diese Strukturformen erinnern wir uns, wer wir tatsächlich in unserer Größe sind.

Als dritte Methode haben wir *Matrixbilder* verwendet. Wir gehen davon aus, dass die von uns wahrgenommene Wirklichkeit über eine hochdimensionale komplexe Matrix projiziert wird. Wir befinden uns demnach in einem Bild, in einer Vision.
Hinter dieser Vision liegt ein unendlich weiter Raum. Unser Bewusstsein ist Teil dieser Weite. Wenn es uns gelingt, in diese Weite vorzudringen, können wir unser Leben, das innerhalb der projizierten Vision stattfindet, um vieles bereichern.

Die von uns geschaffenen Matrixbilder nähern uns an diesen weiten Raum an. Sie eröffnen in uns schrittweise ein allumfassendes Wissen.

Wir gehen davon aus, dass der Mensch ein gänzlich freies Wesen ist, das in der Lage ist, selbst zu entscheiden, was für ihn gut ist. Nachdem die Gesetzgebung in manchen Ländern davon offenbar nicht überzeugt ist, formulieren wir hier folgenden Hinweis:
Die in diesem Buch dargestellten Methoden dürfen nur in gänzlicher **Eigenverantwortung** angewendet werden. Sämtliche Haftungen von Seiten des Autors oder von Seiten des Verlages sind ausgeschlossen.

Ich habe dieses Buch bewusst in der Wir-Form geschrieben. Den Großteil der hier dargestellten Informationen habe ich aus einem Bereich, den ich das morphogenetische Feld nenne, gleichsam abgelesen. Ich habe die meisten Formulierungen „gehört", bevor ich sie niedergeschrieben habe.
Das „Wir" meint nun mich selbst in der Kommunikation mit all jenen Anwesenheiten, die ich während des Schreibens wahrgenommen habe.

Ich wünsche allen Menschen, die dieses Buch lesen, Freude und wertvolle Impulse für die Entfaltung ihrer persönlichen Fähigkeiten.

Werner Johannes Neuner, im Jänner 2004.

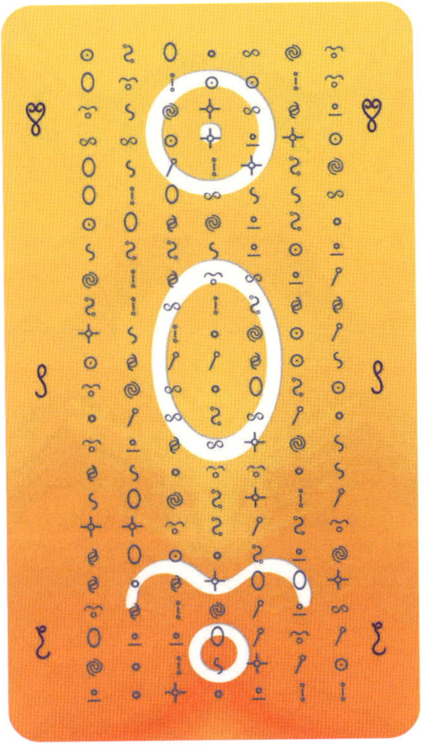

WIR SIND

WIRKLICHKEIT, BEWUSSTSEIN, DIE MATRIX UND DAS MORPHOGENETISCHE FELD

DIE WIRKLICHKEIT

Wir begegnen Menschen. Wir kommunizieren miteinander, wir tauschen unsere Erfahrungen untereinander aus, wir arbeiten und leben miteinander. Zwischenmenschliche Interaktionen bestimmen großteils unser Leben. Sie sind ein wesentlicher Faktor für unser Wohlbefinden. Einiges aus diesen Interaktionen erfüllt uns mit Freude und Leichtigkeit, anderes mit Sorge und Kümmernis.
Wir erleben unsere Sozialkontakte als wichtigen Bestandteil unserer Wirklichkeit. Inwieweit aber können wir die Form dieser Wirklichkeit selbst gestalten und inwieweit sind wir Opfer der jeweiligen Umstände?

Wir haben Vorstellungen und Wünsche. Wir wünschen uns eine glückliche Partnerschaft, wir wünschen uns Erfolg. Manchen Menschen gelingt all dies mit Leichtigkeit, anderen kaum. Ist dieses „Glück" ein Zufallsprodukt, das den einen beschenkt und den anderen nicht? Oder ist der Begriff Glück nur eine Erfindung, ein unzureichender Versuch um zu erklären, warum die Wünsche des einen in Erfüllung gehen und die des anderen nicht.
Inwieweit haben wir das Glück selbst in der Hand?

Sind unsere Vorstellungen und Wünsche Teil unserer Wirklichkeit oder erschaffen sie Wirklichkeit?

Unsere Wirklichkeit besteht aus der Gesamtheit aller in unserem Leben wirksamen Kräfte.
Wie funktionieren diese Kräfte? Welche Mechanismen stehen dahinter?
Wir können den Lauf der Dinge als Aufeinanderfolge von Zufällen betrachten. Wenn wir die Ereignisse unseres Lebens als voneinander unabhängig betrachten, würde sich der Verlauf unseres Lebens aus Zufällen ergeben, auf die wir keinen Einfluss hätten. Wir können aber auch den gegenteiligen Standpunkt einnehmen und behaupten, dass eine dahinterliegende Macht alles lenkt und wir diesem Regiment entsprechend leben müssen.
Beide Vorstellungen isolieren und trennen. Sie distanzieren uns selbst von unserer eigenen Wirklichkeit, denn sie negieren eine Wechselwirkung zwischen unserer Wirklichkeit und uns selbst.
In beiden Fällen wären wir völlig machtlose Wesen. Wir hätten auf den Verlauf der Kräfte und somit auf unsere eigene Wirklichkeit nicht den geringsten Einfluss. Denn dem ersten Bild entsprechend regiert der reine Zufall in seiner Willkür, nach den Gesetzmäßigkeiten der Wahrscheinlichkeit. Im zweiten Fall führt ein undurchsichtiger Gott ebenfalls willkürlich Regie, der seine Sache, wenn man die „Ungerechtigkeiten" des Lebens betrachtet, nicht viel besser macht.

Wir können uns aber auch selbst ermächtigen, wenn wir begreifen, dass jene Kräfte, welche die Wirklichkeit erschaffen, in unendlich komplexen Systemen ineinander verwobenen sind und dass wir selbst *direkten Anteil* an diesen Systemen haben. Wenn wir die Vorstellung zulassen, dass alles mit allem verbunden ist, so verstehen wir auch, dass jede Aktion, die von uns ausgeht, jeder Gedanke und jede Emotion auf diese Systeme direkt einwirkt.

Wenn wir begreifen, dass wir mit unserer Wirklichkeit direkt verwoben sind, so begreifen wir auch, dass wir die Wirklichkeit wandeln und formen können.

Wir begeben uns dadurch in eine machtvoll kreative und selbstverantwortliche Position.

Wenn wir diese Vorstellung in uns integrieren, nehmen wir an unserem Leben tatsächlich teil. Wir begreifen uns dann als wesentlicher Bestandteil unserer Wirklichkeit, in die wir mit großem aktiven Potential einverwoben sind. Dadurch finden wir uns in einer machtvollen Position wieder, aus der heraus wir unsere Wünsche verwirklichen und erfolgreich sein können.
Wir befinden uns aber auch in einer verantwortungsvollen Position, in der *wir selbst* den größten Anteil an unseren Lebensumständen haben. Wir nehmen dadurch sowohl einem ungerechten Gott als auch einem willkürlichen Zufall das Zepter aus der Hand und beginnen selbst unser Leben kreativ zu gestalten.
Von diesem Standpunkt aus haben wir das vorliegende Buch geschrieben. Wir wollen Möglichkeiten zeigen, wie der Mensch in seine Kraft gehen kann, um sein Leben in Freude und Wohlbefinden weitestgehend selbst und in harmonischem Kontext mit seinem Umfeld zu gestalten.

Welche Kräfte gestalten unsere Wirklichkeit? Existieren diese für sich oder können wir sie bewusst steuern?

Wenn man Funktionsweisen der wirklichkeitserschaffenden Kräfte untersucht, wird uns klar, dass hauptsächlich wir selbst es sind, die diese lenken. Unabhängig davon, ob wir dies bewusst und mit Absicht tun, oder ob wir die Wirkung dieser Kräfte unwissend und unbewusst auslösen.

Wenn wir zum Beispiel erwarten, dass wir mit einem Vorhaben Erfolg haben, so wird die Wahrscheinlichkeit für den Erfolg um ein Vielfaches höher sein, als bei einer ungünstigen Erwartungshaltung. Wir setzen mit unserer Erwartung eine Kraft frei, die sofort zu wirken beginnt. Ist unsere Erwartungshaltung unentschlossen und unklar, so wird die daraus resultierende Kraft ebenfalls unklar in ihrer Wirkung sein. Ist die Erwartung hingegen klar und zielgerichtet, erschaffen wir dadurch eine hochpotente Wirkkraft.

Begeben wir uns beispielsweise einmal in die Position eines Personalchefs einer Firma. Wir haben die Aufgabe, den richtigen Menschen für eine offene Stelle zu finden. Wir laden die Bewerber zu einem Bewerbungsgespräch ein. Wenn uns ein Bewerber gegenüber sitzt, der einen eher ungünstigen Ausgang eines Bewerbungsgespräches erwartet (Argumente dafür gibt es sicherlich genügend), so werden wir genau dies spüren. Seine negative Erwartungshaltung wird uns mit Gewissheit erreichen.

Emotionen, Gedanken und innere Bilder erzeugen um uns ein Feld, welches für jeden wahrnehmbar ist.

Verändern wir unsere Gedanken und Emotionen, so verändern wir dieses Feld – und unsere Wirklichkeit.

Wir werden spüren, dass „etwas nicht stimmt" und ihn ablehnen. Besonders dann, wenn ein anderer Bewerber sich seiner selbst sicher war und uns ein ganz anderes Gefühl übermitteln konnte.

Betrachten wir dies etwas genauer. Wir bringen unsere Erwartungen, unsere Visionen und unsere inneren Bilder ununterbrochen in unser Umfeld ein. Dies erzeugt Schwingungsfrequenzen, welche ein Feld aufbauen. Wir erkennen die Art dieser Felder sehr genau und nehmen sie ständig wahr. Wir sagen zum Beispiel, dass wir bei einem Menschen eine „angenehme Ausstrahlung" oder in einem Raum eine „schöne Atmosphäre" spüren. Genau damit bezeichnen wir, wie uns das Feld, das einen Menschen umgibt, oder jenes, das den Raum füllt, erscheint.
Jenes Feld, das wir durch all unsere Gedanken, Emotionen und Vorstellungsbilder erschaffen, kann von jedem mehr oder weniger klar wahrgenommen werden. Jeder Mensch, der uns begegnet, wird darauf in Resonanz gehen. Haben wir ein Feld erzeugt, das den meisten Menschen angenehm erscheint, werden wir anziehend auf sie wirken und erfolgreich sein. Daher beeinflusst die Beschaffenheit unseres Feldes sehr direkt die Wechselwirkungen zwischen uns und unserem Umfeld.
Dadurch, dass wir dieses Feld ununterbrochen um uns haben, wird unsere Umwelt ständig darauf antworten. All unsere Lebensumstände werden letztendlich eine

„Antwort“ auf unser eigenes Feld sein. Wir wollen natürlich Antworten erhalten, welche für uns und für unsere Entfaltung förderliche Umstände erzeugen. Der Schlüssel dazu liegt unbedingt in der Schaffung eines Energiefeldes, welches all das, was wir uns wünschen, möglich macht, einladet und schlussendlich magnetisch anzieht.
Verändern wir die Frequenzmuster unseres Feldes, so verändern wir dadurch unsere Wirklichkeit.

Wie kann die Veränderung von unserer Wirklichkeit *bewusst* gesteuert werden?

Unsere persönliche Wirklichkeit besteht aus der Gesamtheit all jener Kräfte und Gegebenheiten, die auf uns einwirken. Sobald wir begriffen haben, dass alles mit allem in ununterbrochener Wechselwirkung steht und dass jeder Gedanke und jede Vision von uns im Außen eine Resonanz auslöst, haben wir den Schlüssel zur bewussten Gestaltung unseres eigenen Lebens bereits in der Hand.

Bewusste Wirklichkeitsgestaltung kann durch klare Visionsbilder stattfinden, welche im Sinne der Entfaltungsprozesse des großen Ganzen stehen.

Wenn wir unsere inneren Bilder und unsere Glaubenssätze bewusst wandeln, indem wir konkrete Vorstellungen und Bilder kreieren und diese in unser Umfeld mit Absicht projizieren, erschaffen wir neue Wirklichkeiten.

Wesentlich dabei wird es aber sein, die Gesetzmäßigkeiten von Gesamtheiten zu begreifen, wenn wir nachhaltige Verbesserungen in unserem Leben erzielen wollen.

Wir haben beispielsweise beobachtet, dass ein Vorhaben nur dann dauerhaften Erfolg haben wird, wenn dieser Erfolg auch dem Ganzen dienlich ist, wenn also alle, die an diesem Vorhaben beteiligt sind, auch am Erfolg teilhaben können. Denn nur das, was die Entfaltung von allen fördert und letztendlich im Dienste der gesamten Evolution steht, hat Bestand. Kräfte und Vorhaben, die gegen die Entfaltung und gegen die Entwicklung des Menschen wirken, ziehen immer stärker werdenden Gegendruck auf sich. All diese Vorhaben scheitern, früher oder später.

Der Schlüssel für eine bewusste und effektive Gestaltung unserer Wirklichkeit wird allemal in einer bewussten Gestaltung unserer Gedanken und Emotionen liegen. In einer Gedankenreinheit und in einer Klärung unserer Gemütsbewegungen.
Wenn uns dies gelungen ist, werden wir in der bewussten Schaffung von klaren Visionsbildern ein kraftvolles Werkzeug für eine kreative Lebensgestaltung finden.

Das Bewusstsein

Unser Bewusstsein hat die Kraft, Dinge und Gegebenheiten zu verändern, zu gestalten und neu zu erschaffen. Wenn wir jene Potentiale, die in unserem Bewusstsein vorhanden sind, mehr und mehr zu nutzen lernen, werden wir zu Meistern unseres „Schicksals" und vor allem zu Meistern unseres Lebens.

Über unser Bewusstsein können wir das, was wir wahrnehmen, begreifen. Und das, was wir begriffen haben, können wir nutzen und formen.
Wir nehmen zum Beispiel einen Baum wahr, indem wir ihn sehen oder spüren. Über unser Bewusstsein wird uns aber erst klar, dass es sich um einen Baum handelt. Abhängig von unserem Zugang zu unserem Bewusstsein werden wir diesen Baum in unterschiedlicher Art und Weise begreifen. Wenn wir mental geprägt sind, werden wir den Baum als etwas begreifen, das uns seine Früchte oder sein Holz gibt.
Wenn wir eher wissenschaftlich an ihn herantreten, werden wir seine biologischen Prozesse erkennen. Dadurch wissen wir, wie wir sein Wachstum und seine Früchte fördern können.
Unser Bewusstsein kann dem Baum auch über eine meditative Schau begegnen. Dadurch wird er für uns zu einem Gleichnis, einem Sinnbild, das uns zeigen kann, was

Verwurzelung und was Erweiterung bedeutet. Diese Schau kann uns weiters eröffnen, wie jeder Baum mit seinem Umfeld verwoben ist und in einer ununterbrochenen Wechselwirkung steht. Auch dieses Begreifen können wir auf unser Leben umlegen, indem wir zum Beispiel erkennen, dass ein Vorhaben nur dann nachhaltigen Erfolg haben kann, wenn es „Wurzeln“ ausbildet und in sein Umfeld harmonisch einverwoben wird. Das gibt einem Vorhaben Stabilität und lässt es wachsen und sich verzweigen.

Die kreative Kraft unseres Bewusstseins liegt in seiner Fähigkeit, klare Visionsbilder zu erschaffen. Dadurch verändern wir Wirklichkeit und gestalten sie neu.

Die gestaltende Kraft unseres Bewusstseins liegt vor allem in der Fähigkeit, Visionen zu kreieren und Visionsbilder in das uns umgebende Gedankenfeld einzuspeisen. Je klarer diese Visionen sind, umso eindeutiger und hilfreicher werden die Resonanzen aus unserem Umfeld darauf sein. Haben wir zum Beispiel in einer schwierigen Verhandlung mit anderen Menschen ein klares Lösungsbild, das für alle Beteiligten ein zufriedenstellendes Ergebnis bietet, so strahlen wir das auch aus. Dadurch kann eine offene Kommunikation stattfinden und eine Lösung gefunden werden.
Genauso wirkungsvoll ist es, wenn wir eine Vision von einem großartigen Projekt immer wieder vor unserem inneren Auge entstehen lassen und sie dadurch kraft unseres Bewusstseins in das uns umgebende Feld projizieren. Wir machen dadurch unser Projekt „sichtbar“. Wir werden dadurch jene Menschen anziehen, die dieses

Projekt gut heißen und sich daran beteiligen wollen. Wir öffnen dadurch unserer Vision die Räume zur Verwirklichung.

Eine weitere Begabung unseres Bewusstseins besteht darin, Gedanken und Emotionen aktiv zu gestalten. Wir denken ununterbrochen und wir strömen jederzeit Emotionen aus. Dies erzeugt jenes Feld um uns, über das uns andere Menschen zum Beispiel als unangenehm oder angenehm, als verschlossen oder offen usw. wahrnehmen. Wenn wir unsere Gedanken aktiv gestalten und strukturieren und wenn wir unsere Emotionen klären, so wirken wir direkt auf das uns umgebende Feld förderlich ein. Denn wenn wir ein offenes Feld erzeugen, werden sich uns die nötigen Türen öffnen. Aufgrund des Resonanzgesetzes formen wir dadurch unser persönliches Leben.
Im Laufe dieses Buches werden wir Möglichkeiten sehen, wie wir direkt auf unseren Emotionalkörper und auf unsere Gedankenströme einwirken können, um diese zu harmonisieren und zu klären.

Was ist das Bewusstsein eigentlich und wo befindet es sich?

Es gibt den Erklärungsversuch, dass das Bewusstsein des Menschen mit den biochemischen Prozessen des menschlichen Gehirns identisch sei. Dieser Ansatz ist allerdings keineswegs zufriedenstellend.

Denn er reduziert unser menschliches Sein auf eine rein körperliche Existenz. Er erklärt nicht, warum mein persönliches Bewusstsein sich gerade in meinem Körper befindet, und das eines anderen Menschen in dessen Körper. Wir sind es selbst, die wir uns wahr nehmen, und nicht unsere Gehirnfunktionen. Wir sind es selbst, die diese Gehirnfunktionen nutzen, um körperlich wahrnehmen zu können. Wir verwenden dieses geniale Werkzeug des Gehirns, aber es ist nicht dieses Werkzeug, das uns erschaffen hat.

Was das Bewusstsein tatsächlich ist, zeigen uns die sogenannten „Nahtoderlebnisse“, die sehr gut untersucht wurden. Es geht dabei vor allem um jene Erlebnisse, die Menschen haben, wenn nach dem Herzstillstand das Gehirn seine Funktion eingestellt hat und keine Gehirnströme mehr existieren (Gehirntod). Menschen, die wiederbelebt werden konnten, erzählen, dass sie sich von außen beobachtet hatten, dass sie die Gedanken der anderen Menschen hören bzw. spüren konnten und dass ihre Wahrnehmungen allgemein viel weiter und umfassender waren. Sie nahmen sich außerhalb ihres Körpers mit einer erweiterten Wahrnehmungsfähigkeit wahr. Besonders eindrucksvoll zeigt dies das Erlebnis einer Frau, die von Geburt an blind war. Sie konnte in diesem außerkörperlichen Zustand sich selbst und ihre Umgebung eindeutig *sehen*.

Von jenen Menschen, die das Bewusstsein mit den Gehirnfunktionen gleichsetzen, wurde behauptet, dass diese Wahrnehmungen zwar bei Herzstillstand, nicht aber beim Gehirntod (der erst kurze Zeit nach dem Herzstillstand eintritt) möglich sind. Dies kann aber durch die Beobachtungen bei bestimmten Herzoperationen widerlegt werden. Denn dort tritt der Gehirntod kurzfristig ein und kann messbar nachgewiesen werden. Menschen, die sich dieser Operation unterzogen, hatten ebenfalls die beschriebenen Nahtoderlebnisse und konnten sich außerhalb ihres Körpers erkennen. Sie konnten danach Ereignisse aus einer Zeitspanne beschreiben, zu der sie nachweisbar keine Gehirnströme mehr hatten.

Unser Gehirn bildet die Schnittstelle zwischen unserem Bewusstsein und unserer körperlichen Existenz.

Wir gehen daher davon aus, dass unser Bewusstsein uns umgibt und unser Gehirn dazu verwendet, um körperlich wahrzunehmen. Wir erleben dadurch, wie es sich innerhalb unseres Körpers anfühlt.

Die Bewusstseinsmatrix beinhaltet die Fülle unserer Fähigkeiten und Potentiale.

Wir gehen weiters davon aus, dass wir in unserer körperlichen Existenz nur zu einem Bruchteil unseres gesamten Bewusstseins einen Zugang haben. Unser Bewusstsein besitzt eine Fülle von höchst großartigen Programmen, die wir zumeist nur teilweise in unserer körperlichen Existenz realisieren. Diese Programme können sich dann in Form von Fähigkeiten in unserem Leben ausdrücken.

Die darin verankerten Programme stellen den Idealzustand dar.

Stellen wir uns als Bild vor, dass die Fähigkeit, etwas künstlerisch auszudrücken, in unserem Bewusstsein angelegt ist. Stellen wir uns diese Fähigkeit als eine hochdimensionale komplexe Matrix vor. Solch eine Matrix ist ein äußerst wirkungsvoller Operator, ein Werkzeug, das in unserer körperlichen Existenz verwirklicht werden und zur Geltung kommen kann. Wenn diese Matrix so angelegt ist, dass sie sich in unserem Leben entfalten will, wird sie sich aufgrund ihrer Verwirklichungstendenz bemerkbar machen. Wir werden möglicherweise erkennen, dass wir ein Talent zum Malen und Zeichnen besitzen. Es wird nun ganz davon abhängen, wie sehr wir den Zugang zu diesem Potential in uns finden können. Dies wird entscheiden, wie genial wir als Maler oder Grafiker sein werden.

Unser Gehirn stellt offenbar eine Schnittstelle dar, über die wir Zugang zu den Potentialen unseres Bewusstseins erhalten können. Unser Bewusstsein findet dadurch einen Weg, um sich in unserer körperlichen Existenz zu verwirklichen und um sich in uns auszudrücken.

Wir gehen davon aus, dass jene Anlagen, die unser Bewusstsein trägt, wesentlich vollkommener sind als das, was wir in unserem konkreten Leben verwirklichen. Das, was in unserem Bewusstsein verankert ist, stellt den Sollzustand dar. Eine Bewusstseinsmatrix stellt etwas genauso dar, wie es sein soll. Daher wirken ihre Kräfte immer so, dass sie diesen Idealzustand verwirkli-

chen will. Unsere Fähigkeiten wollen sich entfalten.
Häufig ist diese Verbindung allerdings gestört, wodurch die enormen Potentiale unseres Bewusstseins nur äußerst beschränkt genutzt werden können. Besondere Störfaktoren sind einerseits emotionale Irritationen, wie vor allem Ängste, aber auch Glaubenssätze, die wir in uns integriert haben und die uns den Zugang zu unseren Potentialen nicht gestatten.

Ziel dieses Buches ist es, Wege zu zeigen, um den Zugang zu den großen Kräften unseres Bewusstseins zu klären und zu intensivieren. Wir können dadurch die darin verankerten Kräfte nutzen, um unser persönliches Leben im Einklang mit unserem Umfeld erfolgreich, freudvoll und friedvoll zu gestalten. Wir werden dabei Symbole und Sinnbilder verwenden, die wie energetische Matrizen die direkte Verbindung zu unseren großen Fähigkeiten eröffnen.

Das morphogenetische Feld

Es kann nachgewiesen werden, dass wir all unsere Gedanken und Emotionen in ein Feld einbringen, aus dem sie auch wieder abgelesen werden können. Jeder Gedanke erzeugt offenbar in diesem Feld einen Abdruck, der von anderen Menschen mehr oder weniger deutlich wahrgenommen werden kann.

Wenn zum Beispiel in einer Schulklasse eine Mathematikschularbeit zu schreiben ist und der Lehrer die Aufgaben selbst bewusst durchrechnet, so wird er insgesamt deutlich bessere Ergebnisse erhalten, als wenn er seine Aufmerksamkeit auf die Unfähigkeit seiner Schüler ausrichtet. Dies ist durch das sogenannte morphogenetische Feld erklärbar. Denkt der Lehrer die richtigen Lösungswege durch, so gibt er diese in das Gedankenfeld des Raumes ein. Diese können von den Schülern aufgenommen und umgesetzt werden.

Ein anderes allgemein bekanntes Phänomen ist bei verschiedenen Erfindungen beobachtet worden: Immer wieder wurden ein und dieselben Erfindungen auf der Welt gleichzeitig an verschiedenen Orten nachweisbar unabhängig voneinander gemacht. Eine Erklärung bestünde darin, dass die Erfinder durch das gedankliche Arbeiten am selben Thema über das morphogenetische Feld miteinander verbunden waren.

So konnte auch die Lösung miteinander gefunden werden.

Alles, was wir denken und uns vorstellen, erhält im morphogenetischen Feld eine Form. Je bewusster und klarer wir Bilder und Visionen aussenden, umso bedeutsamer sind deren Abbilder, deren Abdrücke im morphogenetischen Feld vorhanden. Die Wiederholung von Bildern und Vorstellungen verstärkt ebenfalls diesen Abdruck – ein Phänomen, mit dem die Werbung bewusst arbeitet.

Jeder Gedanke, jede Emotion und jedes innere Bild erzeugt im morphogenetischen Feld einen Abdruck. Dieser kann von jedem mehr oder weniger deutlich wahrgenommen werden.

Je bedeutsamer bestimmte Vorstellungen im morphogenetischen Feld eingeprägt wurden, umso stärker ist deren Tendenz, sich zu verwirklichen. Wenn ich zum Beispiel immer wieder den Erfolg eines Vorhabens visualisiere, vertiefe ich den Abdruck dieses Bildes immer mehr im morphogenetischen Feld und erhöhe dadurch die Wahrscheinlichkeit für den Erfolg mehr und mehr. Aber auch ungünstige Ereignisse können dadurch provoziert werden, besonders dann, wenn viele Menschen diese in ihren Vorstellungswelten tragen. Wenn zum Beispiel ein Wirtschaftsaufschwung allgemein erwartet wird, so findet er mit an Sicherheit grenzender Wahrscheinlichkeit auch statt. Wenn aber eine Wirtschaftsdepression befürchtet wird, so tritt auch diese höchstwahrscheinlich ein. Die Medien sind sich ihrer Verantwortung diesbezüglich kaum bewusst. Denn durch ihre Bilder wer-

Wiederholungen von Gedanken und Vorstellungen erzeugen einen Abdruck von immer größer werdender Bedeutsamkeit.

den großteils Wirklichkeiten erschaffen. Dennoch scheint das morphogenetische Feld Informationsinhalte zu filtern. Es nimmt zwar generell sämtliche Informationen, die aus Gedanken, Vorstellungsbildern und Emotionen entstehen, in sich auf, speichert aber nur jene dauerhaft in sich ab, die der Entfaltung und der Evolution dienlich sind. Das bedeutet, dass wir durch das bewusste Einbringen nützlicher Vorstellungsbilder eine Vielzahl von ungünstigen Gedanken neutralisieren und umkehren können.

Man kennt in diesem Zusammenhang den Begriff der *kritischen Masse*. Wenn ein bestimmter Prozentsatz der Menschheit (zwischen 5% und 10%) eine allgemein förderliche Wahrheit erkennt, so setzt sich diese im kollektiven Menschheitsbewusstsein durch. Findet beispielsweise eine kritische Masse der Menschheit den Frieden in sich selbst, so bringen sie diesen über ihre Gedankenkräfte in das morphogenetische Feld der Erde derart bedeutsam ein, dass ein genereller Weltfriede stattfinden kann.

Nach unserer Wahrnehmung sind im morphogenetischen Feld archetypische Programme verankert, die den Evolutionsablauf der Menschheit vorgeben und unterstützen. In diesen Programmen haben wir Kräfte und energetische Matrizen erkannt, die durch Symbole und Mandalabilder sinnbildlich dargestellt werden können. Diese Programme haben wir wie Abdrücke im morphogenetischen Feld wahrgenommen und im Laufe unserer Untersuchungen durch entsprechende Symbolformen und Mandalas abgebildet. Es hat sich durch unsere Erfahrung gezeigt, dass die Anwendung dieser Symbole und Mandalas eine Allgemeingültigkeit hat und bei jedem Menschen, der dieses Wissen nützt, Impulse für die persönliche Entfaltung freisetzt. Durch die Darstellung und Verwendung dieser Symbolbilder holen wir offenbar aus dem morphogenetischen Feld eine energetische Matrix hervor. Diese klärt unsere Verbindung mit der gesamten Größe unseres Bewusstseins. Sic crinnert uns an Fähigkeiten, die wir in unserem Bewusstsein gespeichert haben. Wir finden dadurch wieder den Zugang zu den in uns verankerten Potentialen.

Die Matrix

Wir werden nun das Modell des morphogenetischen Feldes verfeinern und erweitern, um gewisse Phänomene besser erklären und darstellen zu können. Wir nehmen daher die Idee der *Matrix* in unser Vorstellungsbild auf. Eine Idee, die besonders in letzter Zeit in den Vorstellungswelten der Menschen eine allgemeine Akzeptanz gefunden hat. Wohl deshalb, weil sie etwas darstellt, das einer dahinterliegenden Wahrheit sehr nahe kommt.

In der Mathematik versteht man unter einer *Matrix* einen Operator, mit deren Hilfe *Projektionen*, das sind z. B. Abbildungen von Körpern, dargestellt werden können.

Unter einer Matrix versteht man in der Mathematik zumeist einen „Operator“, der eine Bewegung oder eine Projektion erzeugt. Solch eine Matrix wird in der Regel zweidimensional dargestellt, hat Zeilen und Spalten, in denen Parameter (meistens Zahlenwerte, aber auch komplexere Funktionen) stehen.
Eine Matrix kann also zur Darstellung und zur Berechnung von Bewegungen, Drehungen, Spiegelungen und Projektionen verwendet werden.
Unser Hauptaugenmerk liegt nun auf der Darstellung von *Projektionen*. Es kann zum Beispiel ein dreidimensionaler Körper mit Hilfe einer Matrixoperation auf eine zweidimensionale Fläche projiziert werden. Dort entsteht dann ein Abbild dieses Körpers. Dieser Vorgang findet beispielsweise beim Fotografieren statt. Dabei wird das dreidimensionale Umfeld auf eine zweidi-

mensionale Fläche, die Fotoplatte oder den Film, projiziert und dort abgebildet.

Wagen wir nun einen Blick in die moderne Physik im subatomaren Bereich. Dort wird klar ersichtlich, dass wir niemals alle Phänomene erklären werden können, wenn wir von einem dreidimensionalen Raum bzw. einem vierdimensionalen Zeit-Raum ausgehen. Wenn wir uns den Gedanken allerdings gestatten, dass hinter der sichtbaren Dreidimensionalität ein unsichtbarer, höherdimensionaler Raum existiert, so können wir physikalische Modelle entwikkeln, welche ein weites Spektrum an Phänomenen zusammenfassen und darstellen können.

Die Matrix der Welt

Nehmen wir daher das Universum als hochdimensional an. Nach den physikalischen Überlegungen müssen es zumindest 11 Dimensionen sein, andere Überlegungen, die wir zum Beispiel aus den Mythen der Mayas kennen, sprechen von 13 Dimensionen.

Nach diesem Modell leben wir in einem hochdimensionalen Raum, von dem wir aufgrund unserer körperlichen Existenz nur einen ziemlich geringen Teil, nämlich nur drei Dimensionen (zählt man die Zeit mit, so sind es vier) wahrnehmen können. Diese Einschränkung der Wahrnehmung ergibt sich aus unserer körperlichen Existenz. Wenn wir annehmen, dass unser Bewusstsein höherdimensional ist, so erklärt sich damit die größere Wahrnehmungsfähigkeit im außerkörperlichen Zustand, die wir durch die beschriebenen Nahtoderlebnisse kennen.

Unsere dreidimensional wahrnehmbare Welt ist ein Abbild aus der hochdimensionalen Realität.

Jenen Operator, der diese Abbildung zuwege bringt, können wir uns als äußerst komplexe, hochdimensionale *Matrix der Welt* vorstellen.

Wenn wir innerhalb einer dreidimensionalen Wirklichkeit leben, welche von einer höherdimensionalen Realität umgeben ist, so liegt der Gedanke nahe, dass diese dreidimensionale Welt ein *Abbild* der höherdimensionalen Realität ist.

Genauer gesagt: Aus der großen vieldimensionalen allumfassenden Realität wird jene Welt, die wir sehen können, projiziert. Wir leben innerhalb einer Abbildung und unsere Wahrnehmung ist im körperlichen Zustand auf diese Abbildung begrenzt. Wir befinden uns in einer dreidimensionalen Projektion, letztendlich in einer Vision. Unsere Wirklichkeit entspricht gleichsam der Projektion eines Filmes auf eine Leinwand. Durch unsere körperlichen Wahrnehmungsorgane nehmen wir einzig das wahr, was in diesem Film geschieht.

Interessant ist in diesem Zusammenhang, dass das religiöse Gedankengut vor allem aus dem Buddhismus und Hinduismus davon ausgeht, dass die wahrnehmbare Wirklichkeit eine reine Illusion darstellt. In der christlichen Religion wiederum finden wir den Gedanken des Abbildes, wenn es heißt, dass der Mensch und die gesamte Schöpfung „ein Abbild Gottes" darstelle.

Wenn wir uns vorstellen, dass die dreidimensionale Welt aus einer hochdimensio-

nalen Projektion entsteht, so können wir uns auch einen Operator vorstellen, eine Kraft, welche diese Projektion zustande bringt. Wir bezeichnen diese Kraft als *Matrix der Welt*, welche die hochdimensionale Realität auf eine dreidimensionale Wirklichkeit projiziert. Diese Matrix erzeugt jene Wirklichkeit, die wir sehen können und innerhalb der wir so lange verweilen, solange wir innerhalb unserer Körper leben.
Diese Matrix wird klarerweise höchst komplex gestaltet sein und kaum durch eine herkömmliche Zeilen-Spalten-Matrix dargestellt werden können.

Diese Matrix wird „fixe“ Parameter beinhalten, die wir als Naturkonstanten bezeichnen (wie z. B. die Beschleunigung durch die Erdgravitation, die Lichtgeschwindigkeit usw.). Wenn wir allerdings die unendliche Wandelbarkeit des Universums betrachten, werden wir der Matrix auch zugestehen, dass auch sie wandelbar ist. Immer dann, wenn unsere Wirklichkeit sich verändert, wird dies mit einer Veränderung von Parametern innerhalb der Matrix einhergehen.

Das morphogenetische Feld als Projektionsebene

Verfeinern wir nun dieses Bild!
Eine Matrix erzeugt eine Projektion - etwas Hochdimensionales wird auf eine bestimmte Ebene mit geringerer Dimension projiziert. So projiziert die Matrix der Welt

einen Teil der hochdimensionalen Realität auf eine drei- bzw. vierdimensionale Ebene. Doch welche Ebene ist dies?

Wenn wir uns vorstellen, dass die Matrix das morphogenetische Feld als Projektionsebene wählt, beginnen wir einiges zu begreifen! Es ist dann das morphogenetische Feld, welches die dreidimensionale körperliche Wirklichkeit darstellt. Und genau das ist es, was wir bei den Überlegungen über das morphogenetische Feld bereits erkannt haben: Es erschafft Wirklichkeiten!

Die Matrix der Welt erzeugt eine Projektion im morphogenetischen Feld.

In diesem Feld entsteht dadurch jene Wirklichkeit, die wir in unserer körperlichen Existenz wahrnehmen können.

Der Mensch nimmt durch seine körperliche Existenz die Welt im morphogenetischen Feld wahr. Wir nehmen über unsere körperlichen Wahrnehmungsorgane, über unsere Augen, unsere Ohren, unseren Tast-, Geruch- und Geschmacksinn jenes Bild wahr, welches in das morphogenetische Feld projiziert wurde. Dieses Projektionsbild alleine ist es, das für uns die Wirklichkeit zu sein scheint. Die dahinterliegende, wesentlich größere Realität bleibt uns verborgen, solange, bis wir kraft unseres Bewusstseins sie zu erahnen, zu erkennen und zu begreifen beginnen.

Dieses Begreifen allerdings wird mächtige Auswirkungen auf uns haben. Denn wenn wir erkennen, was die Wirklichkeit ist und wenn wir diese begreifen, werden wir sie auch wandeln können! Wir werden uns dadurch in einer kraftvollen Position finden und unsere Potentiale schrittweise entfalten. Wir werden dadurch selbstverantwortlich und unabhängig sein, die Meister unseres eigenen Lebens!

Wir können diese Erkenntnisse in der Grafik nebenan darstellen.

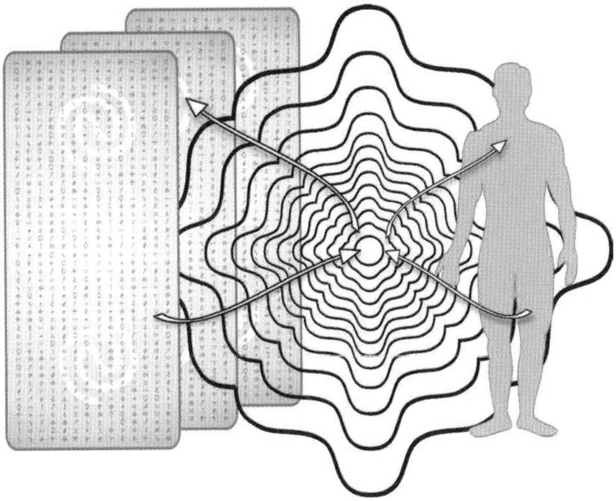

Die *Matrix der Welt* projiziert eine dreidimensionale Wirklichkeit in das morphogenetische Feld. Der Mensch bezieht daraus seine Realität.

Zu beachten sind in diesem Zusammenhang auch die entstehenden Wechselwirkungen. Wir wissen, dass der Mensch durch die Kraft seiner Gedanken und Emotionen auf das morphogenetische Feld einwirkt und darin Abdrücke erzeugt. Je nachdem, wie diese vom Menschen geschaffenen Abdrücke gestaltet sind, entstehen unterschiedliche Wirklichkeiten. Wir können uns elend machen, oder wir können uns kraftvoll machen. Es ist derselbe Arbeitsaufwand!

Genauso besteht eine Wechselwirkung zwischen der Matrix und dem morphogenetischen Feld. Primär projiziert die Matrix in das Feld die Wirklichkeit ein. Es wird aber auch in der umgekehrten Richtung ein Austausch stattfinden. Wenn zum Beispiel im morphogenetischen Feld sich etwas von allgemeingültiger Bedeutung ereignet, so wird dies in der Matrix abgespeichert werden. Die Matrix können wir aus dieser Sicht als Dauerspeicher des morphogenetischen Feldes begreifen. Denn das Feld nimmt jede Information in sich auf. Nur jene allerdings, die dauerhaft von Nutzen für das Geschehen der Evolution sein kann, nur diese Information wird dauerhaft abgespeichert und verankert.

Wir begreifen die Matrix als vollkommen. Sie überträgt das Bild jener Wirklichkeit, die dem Idealzustand entspricht.
Wie der Mensch allerdings mit dieser Wirklichkeit umgeht, obliegt seiner freien Entscheidung. Er kann gewisse Spiele betreiben, die dem Sollzustand nicht entsprechen und er kann diese in seine eigene Realität, als seine eigene Wirklichkeit in das morphogenetische Feld der Erde einbringen. Er kann Ängste erschaffen, andere in ihrer Entwicklung behindern und Macht über andere ausüben. All dies wird aber Reibungsflächen und Dissonanzen erzeugen. Der Mensch kann unter diesen Dissonanzen leiden oder sich wieder in den ursprünglichen Plan einbegeben. Er kann dann im Sinne seiner Entfaltung all diese Erlebnisse – auch jene der Dissonanzen - als wertvolle Erfahrungen in sich aufnehmen. Wenn er seine Spielarten wandelt

und an den ursprünglichen Plan wieder angepasst hat, wird das morphogenetische Feld eine weitreichende Reinigung und Klärung erfahren.
Das menschliche Kollektiv wird diesen Weg jedenfalls einschlagen müssen, früher oder später. Der Evolutionsdruck des Feldes ist sehr mächtig. Das menschliche Kollektiv kann dem nicht dauerhaft widerstehen.

BEWUSSTSEINSMATRIX UND MATRIXBILDER

Wie gliedert sich unser Bewusstsein in dieses Bild der *Matrix der Welt* jetzt ein? Genauso wie die *Matrix der Welt* die Wirklichkeit unseres Planeten erzeugt, wird unsere persönliche Wirklichkeit durch unsere *Bewusstseinsmatrix* erschaffen. Unsere persönliche Wirklichkeit ist einverwoben in die Wirklichkeit des Ganzen und ist ein Teil davon. Genauso können wir nun davon ausgehen, das unsere *Bewusstseinsmatrix* Teil der gesamten *Matrix der Welt* sein muss. Unser Bewusstsein ist also eingebunden in die Gesamtheit unserer Welt.
Wir sind Teil des Ganzen.
Wenn wir dieses Bild konsequent weiter betrachten, ist es unser eigenes Bewusstsein selbst, welches die Wirklichkeit unseres Körpers erschaffen hat. Über die Schnittstelle unseres Gehirnes drückt es sich nun in diesem Körper aus, solange dieser Körper Leben in sich trägt.

Unsere Fähigkeiten werden durch unsere Bewusstseinsmatrix in die dreidimensionale Wirklichkeit projiziert.
So werden sie real.

Wie können wir solche Projektion bestmöglich fördern?

Wir wissen, dass unser Bewusstsein eine Fülle von Fähigkeiten potentiell in sich

angelegt hat. Je besser uns der Kontakt dazu gelingt, desto klarer können wir unsere Fähigkeiten in der dreidimensionalen Wirklichkeit realisieren.
Wir realisieren eine Fähigkeit genau dann, wenn unsere Bewusstseinsmatrix dieses Potential in das morphogenetische Feld unserer Wirklichkeit projiziert. Dann nämlich wird diese Fähigkeit dreidimensional wirklich und wir können sie in unserem Leben anwenden.

Matrixbilder können kraft unseres Geistes ins morphogenetische Feld projiziert werden.

Die zentrale Frage, die sich nun stellt, ist folgende: Wie können wir die Projektion unserer eigenen Fähigkeiten in die dreidimensionale Wirklichkeit bestmöglich fördern?

So kann ein freier Raum entstehen. Das Feld wird empfangsbereit.

Wir laden dadurch unser Bewusstsein ein, unsere potentiell angelegten Fähigkeiten in die Wirklichkeit zu überspielen.

Die Antwort liegt nahezu auf der Hand. Wir kreieren *Matrixbilder*, welche grundlegende Fähigkeiten oder förderliche Zustände darstellen. Wenn wir zum Beispiel ein Matrixbild für die „Freude“ erschaffen, und dieses in unser eigenes morphogenetische Feld übertragen, klären wir dadurch unseren Emotionalkörper. Genauso sinnvoll werden Matrixbilder für „Friede“, für „Harmonie“ für „Wohlbefinden“, für „Erfolg“, für „Liebe“ oder für „Gesundheit“ sein.
Wir können kraft unseres Geistes diese Bilder ins morphogenetische Feld projizieren. Wir machen dadurch das morphogenetische Feld gleichsam empfangsbereit. Wir laden unsere Bewusstseinsmatrix ein, unsere speziellen Fähigkeiten in die Wirklichkeit zu

übertragen. Denn wir schaffen durch unsere mentale Arbeit einen Raum innerhalb der Wirklichkeit, in den unsere Fähigkeiten überspielt werden können.

Die Struktur der Matrixbilder

Wir haben im Laufe unserer Untersuchungen einen Schlüssel gefunden, einen mathematischen Algorithmus, durch den wir die Matrixbilder eindeutig berechnen können. Kinesiologische Tests haben uns die hohe Wirksamkeit dieser Bilder bestätigt.

Wir werden hier andeutungsweise den inneren Aufbau der Matrixbilder darstellen. Für das Begreifen der Matrixbilder wird dies durchaus hilfreich, aber nicht unbedingt erforderlich sein. Wer diese Darstellung als zu mathematisch empfindet, kann diesen Teil überspringen und bei der praktischen Anwendung der Matrixbilder weiterlesen.

Wir haben erkannt, dass die Strukturen des Universums sich in den Gesetzmäßigkeiten der Zahlen wiederspiegeln. Denn diese Gesetzmäßigkeiten sind überall im gesamten Universum gleich, können von jedem intelligenten Wesen erkannt werden und sind gänzlich unabhängig von der Art und Weise, wie (in welchem Zahlensystem) gerechnet wird.

Wir haben außerdem begriffen, dass Zahlen in der Chemie, in der Physik oder in der Biologie keineswegs zufällig vorkommen, sondern dass diese jeweils eine gewichtige Bedeutung haben; besonders dann, wenn sie essentielle Gegebenheiten darstellen. Wir empfehlen dazu die Bücher von Dr. Peter Plichta, „Gottes geheime Formel" und „Das Primzahlkreuz". Von ihm wurden diese Zusammenhänge genauestens analysiert.

20 – die Zahl für organische Strukturen.

13 – die Zahl der Zeit.

3 – die Zahl der Programme.

20 : 13 : 3 – der Schlüssel für die Matrixbilder.

Die Zahl 20

Wenn nun beispielsweise das organische Leben auf **20** Aminosäuren basiert, so hat die Zahl 20 eine grundlegende Bedeutung, die beachtet werden sollte. Es sind keineswegs „zufällig" 20 Aminosäuren. Die Zahl 20 wird daher für alles organische Leben eine wesentliche Strukturzahl sein.
Oder anders ausgedrückt: Wenn unser Organismus aus 20 Aminosäuren aufgebaut ist, so haben wir die Zahl 20 *in uns*. Die Zahl 20 entspricht dann einer „Qualität", die wir organisch sehr genau kennen.

Die Zahl 3

Aus den Aminosäuren bildet unser Körper die sogenannten Proteine, welche das Strukturgerüst der Zellen darstellen, für wesentliche Steuerfunktionen in unserem Körper verantwortlich sind, und Hormone und Enzyme aufbauen. Wenn wir diesen Vorgang betrachten, sehen wir folgendes:
Die DNA unseres Körpers besteht aus zwei Strängen, welche durch die Abfolge von vier verschiedenen Basen unseren genetischen Code darstellen. Die Basen heißen

Adenin (A), Cytosin (C), Guanin (G) und Thymin (T). Ein DNA-Strang könnte z. B. die folgende Form haben:

T T G A T A C C T usw.

Wenn nun ein Protein aufgebaut werden soll, wird ein Teil dieses Stranges kopiert. Diese Kopie stellt die Basis des Proteins dar. Sie legt fest, wie das Protein aufgebaut werden soll, genauer gesagt: aus welcher Abfolge von Aminosäuren das Protein aufgebaut wir. Sie ist der Programmschlüssel des Proteins.

Interessant ist nun, dass jeweils **drei** aufeinanderfolgende Basen genau eine Aminosäure anziehen. Diese Dreiheit (man nennt sie Codon) bestimmt, welche Aminosäure es sein kann. Das Codon T T G zieht beispielweise eine andere Aminosäure an, als das Codon A T A.

Das Codon ist in 3er-Schritten aufgebaut und bildet das Basisprogramm des Proteins.

Die Aminosäuren werden in dieser Reihenfolge aneinandergereiht und bauen nach und nach das Protein auf.

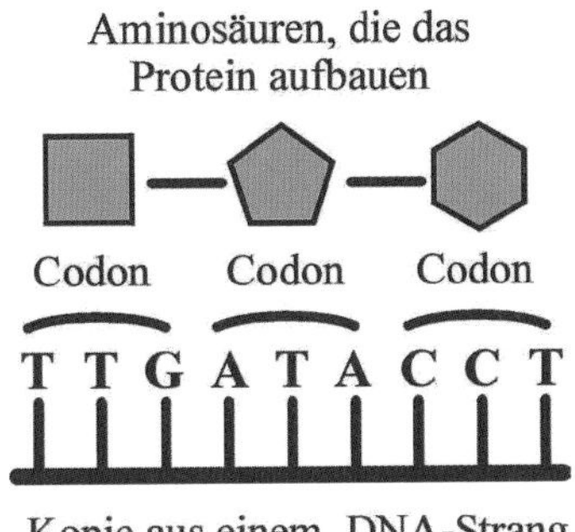

In unserem oben dargestellten Strang steht

T T G für die erste Aminosäure, A T A für die zweite, C C T für die dritte usw. Dadurch entsteht nicht irgendein beliebiges Protein, sondern eines mit genau jener Programmierung, die durch die Abfolge der Codons festgelegt wird. Wir können also sagen, dass die Zahl 3 für die „Programmierung“ des Proteins die Basiszahl darstellt. Wir haben mit der 3 die Zahl der Programme gefunden. Auch hier können wir davon ausgehen, dass die „Qualität" der Zahl 3 in einem engen Zusammenhang mit den Basisprogrammen unseres Körpers steht.

Die Zahl 13

Der „Zeittakt des Mondes" durchläuft innerhalb eines Jahres einen Dreizehnerzyklus.

Während eines Jahres schafft der Mond etwas mehr als 13 vollständige Runden um die Erde (das sind die sogenannten *siderischen Mondphasen*). Durch diesen Dreizehnerzyklus des Mondes wird auch die Zahl 13 für unseren Planeten im Bezug auf die Zeit eine wesentliche Rolle spielen. Der Mond hat eine eindeutige Wirkung auf den gesamten Wasserkörper unseres Planeten. Wir erkennen dies beispielsweise an den Gezeiten. Da der menschliche Organismus zu 70% oder mehr aus Wassermolekülen besteht, können wir von einer eindeutigen Wirkung des Mondes auf unseren Körper ausgehen. Wenn nun der Mond in 13er-Schritten seinen Jahreslauf vollzieht, wird die Zahl 13 ebenfalls eine „Qualität" sein, die wir in uns sehr genau kennen.

Der Mensch hat allerdings die Zahl 12 in unsere Zeitberechnungen eingeführt. Die Zahl 12 ist eine leicht kontrollierbare und strukturierbare Zahl, entspricht aber aus ganzheitlicher Sicht dem Wesen der Zeit keineswegs.

Die Zahl 13 hingegen ist revolutionär und unkontrollierbar. Sie sprengt alle Grenzen und wurde gerade deshalb verteufelt. In naturnahen Kulturen, bei den Kelten genauso wie bei den Mayas, war diese Zahl allerdings heilig.

Wir haben daher ganz klar unser Augenmerk auf die Zahl 13 gelegt. Wir achten sie als wahre Zahl der Zeit. Daher benötigen wir sie grundlegend für die Berechnung der Matrixbilder, welche in unsere Raum-Zeit-Wirklichkeit eingebracht werden sollen.

Wir haben damit insgesamt jene drei Schlüsselzahlen, über welche die Matrixbilder aufgebaut werden können:

20 : 13 : 3

Die Darstellung der Matrix

Der weitere Weg unserer Untersuchungen bestand nun in der mathematischen Analyse des Dreizehner-Zahlensystems. Wenn man mit 3 beliebigen Zahlen beginnt, diese ins Dreizehnersystem umrechnet und daraus eine Zahlfolge (ähnlich der berühmten Fibonacci-Reihe) bildet, so erhält man einen Zyklus. Dieser beginnt - unabhängig von den Startwerten - an der 169. Stelle ($169 = 13^2$) wieder von vorne. Dieser Zyklus stellt eine Matrix dar.

Da unser Zahlensystem aus 10 Ziffern besteht, war dies zur Darstellung der Matrixbilder im Dreizehnersystem nicht geeignet. Wir haben daher eine symbolhafte Darstellung für die Ziffern 1 bis 13 gefunden, die sehr genau die Qualität der entsprechenden Zahl wiedergibt.

In unseren mathematischen Untersuchungen ging es darum, einen Weg zu finden,

Die Qualität der Zahlen im 13er-Code:

 **1**
Selbstfindung, Eigenliebe, Selbstzentrierung

 **2**
Partnerschaft, Beziehungen

 **3**
Entwicklung, Erweiterung

 **4**
Formgebung

 **5**

Verwirklichung, hilfreiche Freunde, Förderung

 **6**

Transformation, Wandlung

 **7**

reine Wahrheit und Erkenntnis

 **8**

Liebe und Harmonisierung, Ausgleich aller wirksamen Kräfte

 **9**

freies Fließen der Kräfte, Wandelbarkeit, Flexibilität

 **10**

Verwirklichung des Lebensplanes

 11

Auflösung der Blockaden, Freiheit und Leichtigkeit

um den Klang eines Wortes durch ein geeignetes Matrixbild, das aus einer Abfolge von 168 Zeichen besteht, abzubilden. Diese Matrix stellt die Qualität und die Bedeutung des zugrundeliegenden Wortes symbolhaft darstellt. Über diese Abbildung kann unser Bewusstsein angeregt und aktiviert werden. Wir erzielen dadurch eine bedeutsame Wirkung. Wenn wir mit geeigneten Matrixbildern arbeiten, kommen wir mit Fähigkeiten in Kontakt, die in unserem Bewusstsein angelegt sind.

Bei der Berechnung der Matrixbilder wurden alle drei Schlüsselzahlen verwendet:
Wir haben erkannt, dass jedes Wort durch 20 Klänge dargestellt werden kann. Unsere Schrift macht an sich dasselbe, wobei allerdings manche Laute indirekt über andere Zeichen dargestellt werden. Es gibt z. B. kein Zeichen für die Laute „ch“ oder „sch“, daher werden diese durch mehrere andere Schriftzeichen (c und h, bzw. s,c und h) ausgedrückt.
Andererseits gibt es Laute, die an sich dieselben sind, aber in der Aussprache unterschiedlich moduliert werden, wie beispielsweise „t“ und „d“. Es handelt sich aber um denselben Grundlaut mit härterer und weicherer Aussprache.
Jede Rechtschreibung hat auch ihre Eigenheiten. Es gibt eine Vielzahl von Worten, deren Aussprache und deren Schreibweise keineswegs übereinstimmen. Ein schönes Beispiel dafür liefert uns das Wort „neu“,

das eigentlich als „noi“ ausgesprochen wird.
All dies haben wir berücksichtigt und festgestellt, dass wir mit genau **20** Grundlauten die Aussprache jedes Wortes darstellen können. Diesen Grundlauten werden entsprechende Parameterwerte (zwischen 1 und 20) zugewiesen.
Die Parameter werden anschließend in ein **13**er-Zahlensystem umgerechnet. Über einen mathematischen Algorithmus, der die erweiterte Fibonacci-Zahlenreihe beinhaltet, haben wir dann abschließend in **3**er-Schritten die Parameter in das entsprechende Matrixbild umgewandelt.
Dadurch erhalten wir die Abbildung eines Wortes und seiner Bedeutung mit dem 20:13:3-Schlüssel.

⊙ **12**
Heilung und freie Neustrukturierung

@ **13**
Auflösung ungünstiger Erfahrung, Klärung des Bewusstseins

Praktische Anwendung der Matrixbilder

Auf den folgenden Seiten haben wir mehrere Matrixbilder dargestellt. Wir haben auch farbige Drucke dieser Matrixbilder dem Buch beigegeben. Du kannst diese vor dir auflegen, sie meditativ in dich aufnehmen und in deine Wirklichkeit übertragen. Wenn du dies regelmäßig tust, schaffst du in deinem morphogenetischen Feld einen freien Raum, in den dein Bewusstsein bisher noch unentwickelte Fähigkeiten einspielen kann.

Nimm eines der dem Buch beigefügten Matrixbilder.
Konzentriere dich auf dieses Bild.

Entlasse deine Gedanken.
Betrachte diese Matrix, lass sie auf dich wirken.

Stell dir vor, wie ihre Kraft in dich einfließt. Stell dir vor, wie ihre Information in deinem Feld eingegliedert wird.

Beobachte an den nächsten Tagen, was sich in deinem Leben zu verändern beginnt.

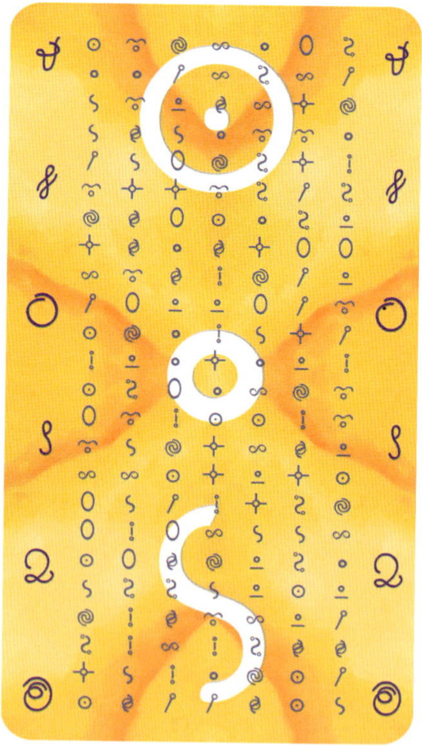

Freude

Harmonie

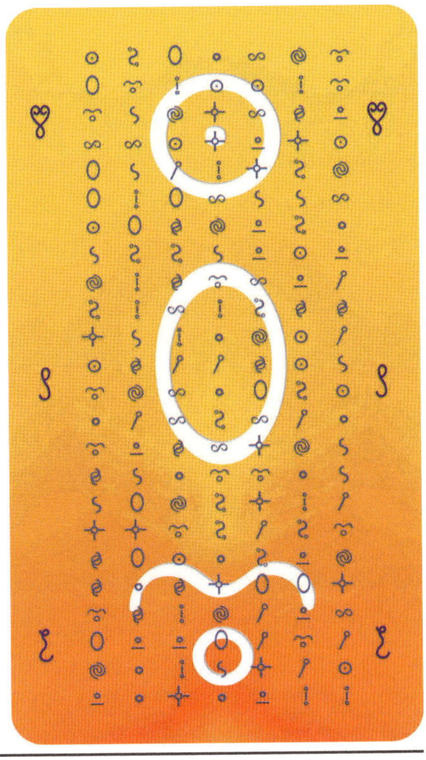

Friede
(Wortklang „peace“)

Kristalle

Wir haben festgestellt, dass besonders Bergkristalle sehr gut Informationen aufnehmen. Tragen wir dann den Kristall bei uns, strahlt er durch sein stetiges Pulsieren diese Information auf uns ab.
Programmieren wir beispielsweise mit Hilfe des auf der vorigen Seite abgebildeten Matrixbildes die Information „Freude“ auf einen Kristall, so gibt er diese Information ständig in das ihn umgebende morphogenetisches Feld ein. Tragen wir ihn bei uns, so integrieren wir diese Information in unserem Feld.

Nur ein gereinigter Kristall kann hilfreiche Schwingungsmuster in reiner Form aufnehmen.

Es ist allerdings empfehlenswert, jeden Kristall vor einer Programmierung zu „reinigen“. Da Kristalle gute Empfänger für Informationen sind, nehmen sie alles in sich auf, auch ungünstige Behandlungen. Da der Kristall bei seiner „Gewinnung“ zumeist wenig liebevoll aus seinem natürlichen Umfeld entnommen wurde, trägt er auch dieses Erlebnis in sich. Häufig zeigen sich solche Erfahrungen in Form einer optisch wahrnehmbaren Trübung. Der Stein verliert seinen Glanz, sein inneres Leuchten.

Trübe Steine sind wesentlich weniger bereit, neue Informationen in sich aufzunehmen. Daher haben wir zur Reinigung das hier abgebildete Projektionsbild geschaffen, das wir *Acbahum* nennen.

Praktische Anwendung

Lege den Stein auf das Bild Acbahum.

 öffne mit dem Symbol *Elim* das Feld des Steines, indem du dieses Symbol über dem Stein in die Luft zeichnest. Beginne beim Zeichnen des Symbols mit der Strichführung innen.

Du kannst folgenden Spruch sagen:
„Kraft meines göttlichen Bewusstseins,
das ICH BIN
schenke ich diesem Kristall
die reinigende Kraft von Acbahum."

 mit *Oom* schließt du das Feld des Steines wieder ab und stabilisierst dort die Wirkung der Übertragung. Dieses Symbol wird im Uhrzeigersinn gezeichnet, du beginnst außen und drehst nach innen.

Lass diesen Kristall für einige Zeit auf dem Bild liegen, am besten für 24 Stunden.

Wir haben wiederholt beobachtet, dass Kristalle nach dieser Reinigung einen gänzlich neuen Glanz gezeigt haben. Auch weitgehende Veränderungen ihrer inneren Struktur, wie zum Beispiel das Erschei-

Elim öffnet das Energiefeld eines Kristalls.

Das Projektionsbild Acbahum reinigt den Kristall.

Oom stabilisiert das Energiefeld des Kristalls.

nen von neuen Farbspiegelungen oder die Veränderung ihrer Farbe haben wir schon erlebt.

PRAKTISCHE ANWENDUNG

Der gereinigte Kristall kann die Information eines Matrixbildes in sich speichern.

Solch einen gereinigten Kristall kannst du nun mit jedem beliebigen **Matrixbild** informieren:

Lege ihn auf das ausgewählte Matrixbild.

Öffne den Raum mit *Elim.*

Sag folgenden Spruch:
„Kraft meines göttlichen Bewusstseins,
das ICH BIN
schenke ich diesem Kristall
die Kraft des Matrixbildes ....“

Mit *Oom* wird der Vorgang abgeschlossen.
Der Stein sollte für längere Zeit, am besten wieder für 24 Stunden, zumindest aber für 10 Minuten auf dem Matrixbild liegen bleiben.

VISIONSBILDER

In diesem Kapitel geht es darum, eine Methode zu zeigen, mittels der wir bewusst unsere Visionen in das morphogenetische Feld einspeisen können, um die Verwirklichung dieser Visionen bestmöglich zu fördern.

Jeder Mensch trägt in sich Wünsche, die er verwirklichen möchte. Je näher er mit diesen Wünschen in seinem *Lebensplan* liegt, umso leichter wird sich die Verwirklichung gestalten.

Wünsche werden an den Lebensplan angeglichen.

Aus den Wünschen entstehen so Visionsbilder, die in das morphogenetische Feld eingespeist werden.

Wir gehen davon aus, dass jeder Mensch mit einem in seinem Bewusstsein verankerten Lebensplan diesen Planeten betritt. Alles, was diesem Lebensplan entspricht, bereitet Freude und steht mit einer allgemeinen Stimmigkeit im Einklang. Dieser Plan ist keineswegs im Detail vorgegeben. Er beinhaltet nicht, wo wir an welchem Tag sein werden usw. Er beinhaltet aber sehr wohl, welche Fähigkeiten wir in uns tragen, welche entwickelt werden wollen, und welche Vorhaben wir verwirklichen können. Wir sind gänzlich freie Wesen und müssen diesen Plan keineswegs erfüllen. Wenn wir es aber tun, so gestaltet sich unser Leben in Freude und Leichtigkeit.
Es wird von einigen „religiösen" Einrichtungen der Glaubenssatz verkündet, dass der Lebensplan mit Mühsal und Leid

verbunden sei. Es wird für die „Unannehmlichkeit Leben" ein „Lohn danach" verheißen, der umso größer ausfallen würde, je mühseliger das irdische Leben gewesen sei. Solch irrige Glaubenssätze entfremden den Menschen in großem Maße von seinem eigenen Potential und bringen ihn in eine Leidensbereitschaft, die Entfaltung hemmt und verhindert.
Auch der Grundsatz, dass man nur mit „harter" Arbeit etwas schaffen könne, dient nicht unbedingt der persönlichen Entwicklung. Wer sagt denn, dass die Arbeit nicht leicht von der Hand gehen und Freude bereiten kann?
Es ist äußerst empfehlenswert, solche Glaubenssätze aufzulösen und durch zielführendere Bilder zu ersetzen.

Durch sämtliche Übungen, die in diesem Buch beschrieben sind, nähern wir uns unserem Lebensplan weiter an. Wir begeben uns dadurch auf einen Weg der Erkenntnis und der Entfaltung. Ziel dieses Weges wird es letztendlich immer sein, mit seinem persönlichen Lebensplan vollkommen eins zu werden. Es ist dies eine Reise in ein unendlich weites und teilweise noch gänzlich unbekanntes Land.

Wenden wir uns nun zuerst unseren Wünschen zu. Um aus einem Wunsch ein kraftvolles Visionsbild zu schaffen, sollte der Wunsch an den persönlichen Lebensfluss angeglichen werden. Ob wir uns etwas tatsächlich wünschen, wird uns bereits etwas klarer, wenn wir diesen Wunsch auf ein Blatt Papier schreiben und möglichst eindeutig ausformulieren. Inwiefern dieser Wunsch mit unserem aktuellen Lebensplan übereinstimmt, können wir mithilfe der nachfolgenden Übungen erforschen.

Visionsbilder erschaffen

Schreibe deinen Wunsch klar formuliert auf ein Blatt Papier.
Die Formulierung sollte dabei unbedingt das Erfüllungsbild beschreiben und keine Negationen beinhalten.
Statt „Ich möchte nicht krank sein“ schreibe besser „Ich bin gesund“.
Statt „Ich möchte nicht arm sein“ sollte es besser mit „Ich bin reich“ formuliert werden.

All das, was du klar formulieren kannst, erzeugt ein starkes Bild. Die Beschäftigung damit wandelt den Wunsch schrittweise in ein kraftvolles **Visionsbild** um.

Praktische Anwendung

Elim

Öffne das morphogenetische Feld, in das du deine Vision einbringen willst, durch das Zeichnen des Symbolbildes *Elim*.

Beginne beim Zeichnen innen (gegen den Uhrzeigersinn drehend) und zeichne es vor dir in den Raum.

Das Visionsbild wird laut ausgesprochen und dadurch in das morphogenetische Feld eingebracht.

Lies nun dein Visionsbild laut vor. Die Vorstellung, dass dies in das morphogenetische Feld einfließt, unterstützt die Wirksamkeit dieser Methode.

Oom

Stabilisiere zum Abschluss dein Visionsbild durch das Zeichnen des Symbols *Oom*. Beginne beim Zeichnen außen, im Uhrzeigersinn drehend.
Zeichne auch dieses Symbol vor dir in den Raum.

Du kannst innerhalb der nächsten Tage jedenfalls mit einer „Antwort“ aus dem morphogenetischen Feld rechnen. Es wird dir klar werden, ob dieses Visionsbild mit deinem Lebensplan im Moment übereinstimmt. Wenn dem so ist, werden sich dir die Türen zur Verwirklichung öffnen.
Um die „Antworten“ wahrzunehmen, achte darauf, was und wer dir in den nächsten Tagen begegnet. Manchmal treffen wir Menschen, die uns „zufällig“ etwas erzählen, das in uns eine starke Resonanz auslöst.

Alles, was uns intensiv berührt, will uns etwas mitteilen.
Wenn du in den folgenden Tagen ein berührendes Erlebnis hast, überprüfe, ob dieses eine „Antwort des Lebens“ auf dein Visionsbild sein kann.

Empfehlenswert ist eine mehrfache Wiederholung dieses Vorganges über mehrere Tage hinweg (zum Beispiel eine Woche lang). Als besonders günstigen Zeitpunkt haben wir den Sonnenauf- und Sonnenuntergang, bzw. die ruhigen Abendstunden erkannt.

Auch für bestimmte **Termine**, wie z. B. Prüfungen, wichtige Verhandlungen und Gespräche usw. kann man in derselben Art hilfreiche Kräfte mobilisieren.
Zeichne dazu *Elim* vor dir in den Raum.
Sprich als Affirmation mehrfach (z. B. drei mal)
„Am ...(Datum) bin ich ... (Bezeichnung des Termins, zum Beispiel beim Gespräch mit..) kraftvoll und erfolgreich.“
Stabilisiere dies wieder mit *Oom* im morphogenetischen Feld.

Auch **auf andere Menschen** lassen sich solch hilfreiche Wünsche in derselben Art übermitteln. Verwende dabei als Affirmation zum Beispiel:
„Kraft meines göttlichen Bewusstseins, das ich bin, übermittle ich für ... (Name des Menschen) Kraft und Lebensfreude.“

Glaubenssätze transformieren

Mit der Matrix „Transformation“ können die oben angesprochenen blockierenden **Glaubenssätze** neutralisiert und umgewandelt werden.

Praktische Anwendung

Lege das Matrixbild „Transformation“ vor dich hin.

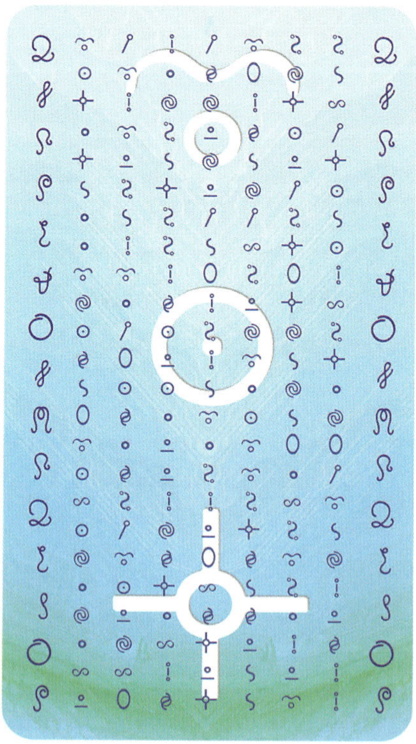

Lass dich auf dieses Bild ein.

Zeichne *Elim* über das Matrixbild.

Sprich nun eine Affirmation mehrfach (am besten drei mal), wie zum Beispiel:
„Ich öffne mich der Freude in meinem Leben“, oder
„Das Leben geht mir leicht von der Hand“.

Betrachte die Matrix weiter und lass ihre wandelnde Wirkung stattfinden.

Stabilisiere nach einigen Minuten den in dir begonnenen Wandlungsprozess, indem du *Oom* über das Matrixbild zeichnest.

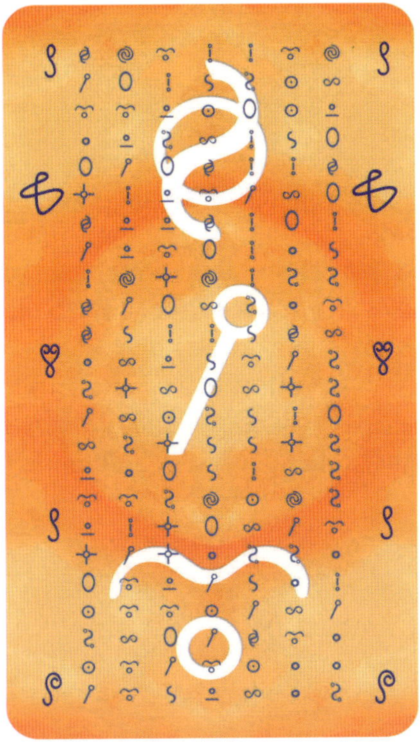

ICH BIN

DIE EIGENE MITTE, DER EIGENE RHYTHMUS
GESUNDHEIT UND WOHLBEFINDEN

DIE EIGENE MITTE

Wir tragen in uns ein unendliches Potential an Fähigkeiten und Kräften, das sich entfalten will. Jene Menschen, die in dieser Entfaltung weit vorangeschritten sind, erscheinen uns als selbstbewusst und kraftvoll.

Wenn wir uns einfinden in unserer eigenen Mitte kann Selbstbewusstsein entstehen.

Und die Entfaltung der Fülle unserer persönlichen Potentiale.

Der einzige allerdings, der unsere wahren persönlichen Potentiale kennt, sind wir selbst. Es macht keinen Sinn, bestimmten Vorbildern nachzueifern und so sein zu wollen wie sie, denn sie haben nicht uns, sondern sich selbst entwickelt – und das kann mit unserer eigenen Entfaltung gänzlich divergieren.
Genauso wenig macht es Sinn, den eigenen Lebensweg nach den Lehrmeinungen und Richtlinien eines „Meisters" oder „Gurus" gestalten zu wollen, da wir dadurch niemals gänzlich in unsere eigene Kraft finden können. Und genau diese Entfaltung unserer eigenen Kraft, so meinen wir, wäre das, was wir uns für unser Leben vorgenommen haben.

Neben den augenscheinlichen Fremdausrichtungen, wie Gurus oder Vorbilder, gibt es noch eine Vielzahl wesentlich subtilerer Fremdorientierungen. Wir kennen sie alle, diese Fragen, wie:
„Was werden die anderen von mir denken, wenn....?"

„Liebt der andere mich noch, wenn ich ....?“
„Was mache ich für einen Eindruck auf ....?“
Wir sind schon sehr eigenartige Wesen, wenn wir unsere persönliche Entfaltung und dadurch unser eigenes Wohlbefinden dem äußeren Schein opfern wollen.

Auf unserem Weg zu unserem eigenen Potential werden wir folgende Schritte durchwandern:

✓ Die **Selbstzentrierung**: Wir identifizieren uns mit unserem eigenen Lebensplan und nicht mit den Vorstellungsbildern im Außen.

✓ Die Entfaltung des **Selbstbewusstseins.** So werden wir fähig sein, aus rein passiven Reaktionsmustern auszusteigen und selbständig zu agieren beginnen.

✓ Es lohnt sich! Denn am Ende des Weges stehen wir selbst, in unserer **eigenen Mitte** und in der Fülle unserer eigenen Strahlkraft.

Die Selbstzentrierung

Ziel der nun beschriebenen Methode ist es, uns schrittweise aus ungünstigen Identifikationen mit Gegebenheiten im Außen zu lösen und uns wieder in uns selbst einzufinden. Probleme mit Fremdidentifikationen treten auf, wenn zum Beispiel:
Ein Mensch seinen Job verliert, mit dem er sich identifiziert hat.
Der Partner sich entfernt und man sein Selbstbild mit dem Partner verknüpft hat (wir kennen den Ausspruch „die bessere Hälfte").

Praktische Anwendung

Wir verwenden nun das Projektionsbild „Selbstzentrierung".

Durch eine meditative Betrachtung dieses Bildes werden die darauf abgebildeten Strukturen aktiv. Sie projizieren energetische Matrizen auf unseren Geist, die uns an unser eigenes Selbst erinnern. Wir werden dadurch für unsere „Seelenanteile", die wir im Außen verloren haben, magnetisch anziehend. Das, was uns durch Fremdidentifikationen verloren gegangen war, kehrt wieder in uns zurück. So werden wir wieder zu einer in uns selbst verankerten Ganzheit.

Zeichne das Symbol *Elim* in den Raum,

um das morphogenetische Feld zu öffnen. Durch diese Vorbereitung wirkt das Projektionsbild besser auf dich ein.

Elim

Betrachte nun das abgebildete Projektionsbild „Selbstzentrierung“.

Lass es auf dich wirken.
Entlasse deine Gedanken und gehe in das Bild hinein.

Selbstzentrierung

Du kannst mehrfach (drei mal) folgende Affirmation laut aussprechen:
„Ich bin eins mit dem Urgrund.
Ich bin.“

Nach einiger Zeit tauche aus dem Projektionsbild wieder auf.

Zeichne nun *Oom* vor dich in den Raum. Damit beendest du diese Aktivierung und stabilisierst die Wirksamkeit der selbstzentrierenden Kräfte in dir.

Oom

Wenn ein Thema wie Jobverlust oder Verlust eines Partners gerade akut dein Leben bestimmt, empfiehlt es sich, diesen Vorgang an mehreren hintereinanderfolgenden Tagen, am besten eine Woche lang, zu wiederholen.

Beobachte an den folgenden Tagen, was sich alles an deiner Situation zu verändern beginnt.

Eine für die Selbstzentrierung ausgezeichnet wirksame „Wortschwingung“ ergibt sich aus der folgenden Affirmation:

Scha Ma Ja Hum

Dieses Wort stellt ein Schwingungsmuster dar, das uns mit unserer Mitte verbindet und uns an den „Urgrund“, an den Zustand einer allumfassenden Geborgenheit erinnert.
Dieses Wort kann mehrfach täglich innerlich gedacht oder laut ausgesprochen werden.

Selbstbewusstsein

Durch die Zentrierung in sich selbst wird die Basis geschaffen, auf der das Selbstbewusstsein aufgebaut werden kann.

Wir meinen mit Selbstbewusstsein nicht das Bild eines „Superman", der „cool" ist und all seine Feinde besiegt. Wir meinen damit auch nicht die Frau als Topmodel, die ebenfalls völlig cool mit den Männern spielt.
Ein selbstbewusster Mensch ruht gänzlich in sich selbst und strahlt das aus, was er tatsächlich ist. Dadurch befindet er sich in einer Position, in der er andere Menschen weder ver- noch beurteilen muss, um sich selbst darzustellen. Er benötigt generell keine Selbstdarstellung, da er sich keineswegs über ein zur Schau Stellen seiner Fähigkeiten beweisen muss.
Ein selbstbewusster Mensch hat die Fähigkeit einer generellen Bewertungsfreiheit und befindet sich in einem reinen „Ich bin" Zustand.

Praktische Anwendung

Ist der Zustand der Selbstzentrierung erreicht, so kann über das nebenan dargestellte Symbolbild (mit dem Namen *Machal*) jene Kraft in dir aktiviert werden, die deine Fähigkeiten im Außen wirksam werden lassen.

Machal

Dadurch beginnst du das zu verwirklichen, was als Programmpunkt in deinem Lebensplan geschrieben steht.
Zeichne das Symbol auf ein Blatt Papier und trage es mit dir. Du kannst es zum Beispiel bei schwierigen Gesprächen bei dir haben – in deinen Unterlagen, in deiner Geldbörse, in deiner Tasche usw. – besonders dann, wenn dein **Mut** und deine **Kraft** gefordert werden.

Praktische Anwendung

Maan

Für **Prüfungssituationen** aller Art leistet das Symbolbild *Maan* ausgezeichnete Hilfe. Auch hier gilt dasselbe: Zeichne das Symbol auf ein Blatt Papier und trage es *bewusst* bei dir.
Es zentriert dich in der Prüfungssituation und gibt dir innere Stabilität und Kraft.

Praktische Anwendung

Ich bin

Um sich selbstbewusst in seiner eigenen Mitte einzufinden, können wir die Matrix „Ich bin“ verwenden. Wenn wir sie vor uns hinlegen und meditativ betrachten, beginnt ihr Programm in uns zu wirken.

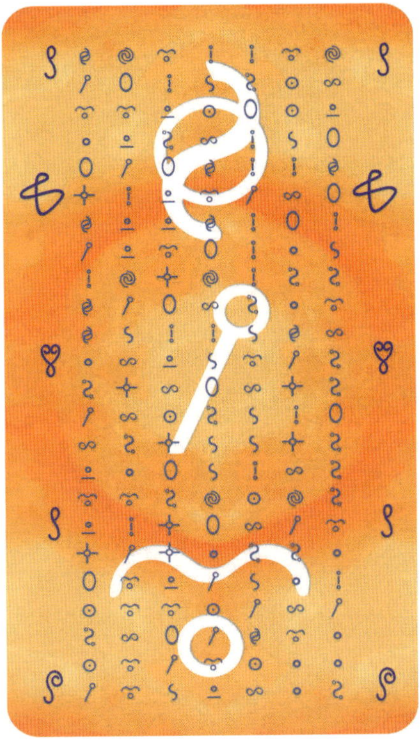

Durch wiederholte Meditation mit diesem Matrixbild nimmst du die Information „Ich bin“ in dich auf. Dies gibt dir das Wissen, dass du die reine Wahrheit für dein eigenes Leben nur in dir selbst finden kannst. Du beendest die Suche im Außen. Du richtest dich nicht mehr an den Erwartungen der anderen aus.

Du begibst dich auf dein eigenes Gebiet.
Du bist in deiner eigenen Mitte.
Du bist in deiner Kraft.

Der eigene Rhythmus

Stresssituationen entstehen durch eine anhaltende Entfremdung aus dem eigenen Takt. Das Einfinden in den eigenen Rhythmus bringt innere Harmonie. So wird effizientes und zügiges Handeln wieder möglich.

„Timing“ nennt man die Kunst, den richtigen Zeitpunkt zu kennen. Unser Tagesablauf findet in einem bestimmten Rhythmus statt. Befindet sich dieser in Fluss, so sind wir im richtigen Moment am richtigen Ort. Wir können zügig und mit Freude das zustande bringen, was wir uns vorgenommen haben.

Durch zuweilen heftige Einflüsse unserer Umwelt verlieren wir aber immer wieder unsere eigene Mitte, besonders dann, wenn wir auf diese äußeren Einflüsse eine zu starke Resonanz zeigen, wenn wir darauf zu intensiv reagieren. Geben wir zum Beispiel einem Druck von außen zu sehr nach, so bewegen wir uns nicht mehr auf unserem eigenen Gebiet, sondern versuchen, den Vorgaben anderer zu entsprechen. Dadurch verlieren wir die uns entsprechende innere Taktung, unseren persönlichen Rhythmus. Dies kommt dem Versuch gleich, den eigenen Herzschlag an einen vorgegebenen Takt anzupassen.

Wenn wir uns lange auf den uns nicht entsprechenden Gebieten bewegen und dadurch in Zeitverzug geraten, beginnen wir zwar, Aktionen schneller zu setzen, aber mit weitaus geringerer Effizienz. Dadurch gelingt alles im Endeffekt wesentlich langsamer, Fehler schleichen sich ein und müssen korrigiert werden usw. Es ist klar, dass eine andauernde Arbeits- und Lebenssituation, die uns von uns selbst entfremdet, weder auf unsere Gesundheit, noch auf unser Lebensgefühl besonders förderlich wirkt.

Wir nennen das Agieren außerhalb unseres eigenen Taktes und das daraus sich ergebende fehlende Timing „Stress". Wenn nun auch unsere Umwelt darauf in Resonanz geht und der so entstandene Druck aufeinander weitergegeben wird, schaukeln sich diese Situationen weiter hoch.

Wir werden hier mehrere Möglichkeiten zeigen, wie wir effektiv und nachhaltig innere Harmonie finden und im uns entsprechenden Rhythmus handeln können.

Stressabbau

Wenn wir uns in einer Stresssituation befinden, macht es wenig Sinn, unser Umfeld dafür verantwortlich zu machen. Hauptgrund für Stress wird zum allergrößten Teil ein Verlust des eigenen Rhythmus sein.

Wir zeigen hier zwei Methoden, um bei akutem Stress innerhalb von kurzer Zeit wieder „Luft" zu bekommen. Die erste Methode macht dann Sinn, wenn unsere Emotionen in Aufruhr sind, die zweite, wenn wir merken, dass unser Timing gänzlich aus den Fugen geraten ist.

Praktische Anwendung

Emotionale Harmonisierung

Aruna

Wenn du dich in emotionalen Stresssituationen befindest, weil du dich angegriffen, nicht verstanden oder ungerecht behandelt fühlst, so gelingt es mit dem Symbolbild *Aruna* sehr gut, wieder zu einer inneren Ruhe zu finden.

Zeichne dazu dieses Symbolbild vor dich in den Raum. Beginne mit dem Punkt in der Mitte, ziehe dann den Kreis um den Punkt (dies symbolisiert die eigene innere Mitte) und zeichne zum Abschluss die Wellenlinien darunter. Diese stellt das harmonische Glätten der emotionalen Wogen dar.

Durch das Zeichnen des Symbols in den Raum entsteht ein Schwingungsfeld, das nun unmittelbar vor dir aktiv ist. Gehe nun langsam in dieses Feld hinein und durch dieses hindurch. Dein Körper nimmt die beruhigenden Informationen in sich auf. Du kannst wieder durchatmen.

Praktische Anwendung

Timing

Die Zeit taktet nach ihren eigenen Gesetzmäßigkeiten. Auch wenn wir sie uns gleichmäßig linear dahingleitend vorstellen, haben unterschiedliche Zeitabschnitte

jedenfalls auch unterschiedliche „Zeitqualitäten".
Manches gelingt an bestimmten Tagen wesentlich leichter, als an anderen. Dies hängt vom Zusammenspiel unserer persönlichen Zeittaktung mit der allgemeingültigen Zeitqualität des Tages zusammen. Auf dieses Thema geht beispielsweise die Astrologie genau ein. Seriöse Astrologen können über bestimmte Zeitabschnitte eines Menschen verblüffend genau zutreffende Aussagen machen.

Je mehr wir uns auf das Spiel der Zeit einlassen können und je mehr wir uns in die tatsächlichen Zeitzyklen einbegeben können, umso besser wird unser eigenes Timing sein. Es ist dazu nicht notwendig, die aktuell wirksamen Zeitkräfte zu kennen. Bereits durch das bewusste sich Einbegeben in den natürlichen Lauf der Zeit kann unser Timing effektiv fördern.

Telsiin

Über das Symbolbild *Telsiin* aktivieren wir in uns einen Schlüssel, durch den wir uns harmonisch in das zyklische Spiel der Zeiten einfinden können. Wir erreichen so im richtigen Moment den richtigen Ort. Eine intuitive Spontanität führt uns.
Wir werden innerlich flexibel genug sein, um das Richtige im richtigen Moment zu tun.
Zeichne dazu das Symbol vor dir in den Raum, um die entsprechende **Raumfrequenz** vor dir zu erschaffen.

Gehe nun in dieses Schwingungsfeld hinein und hindurch.
Dein Bewusstsein erinnert sich an den Einklang mit dem Fluss der Zeit.
Es ist so wie es sein soll.

Wir können mit diesem Symbolbild auch unsere **Uhren** (besonders die Armbanduhr, die Zeitanzeige am Handy oder die Uhr im Auto) „bezaubern". Tests mit kinesiologischen Methoden haben gezeigt, dass „Telsiin-Uhren" uns wesentlich besser in unserer eigenen Zeittaktung belassen, als andere Uhren. Es scheint uns, als hätten wir mehr und ausreichend Zeit. Die Armbanduhren werden als „leichter" empfunden.

Die Übertragung:

Zeichne  *Elim* über die Uhr, um ihr Feld zu öffnen.

Zeichne nun das Symbolbild *Telsiin* ebenfalls über die Uhr.
Warte ein paar Momente.
Du kannst laut oder innerlich sagen:
„Kraft meines göttlichen Bewusstseins,
das ich bin,
übertrage ich auf diese Uhr
die Kraft von Telsiin – jetzt."

Stabilisiere die Wirkung dieser Kraft durch das Zeichnen von  *Oom*.

Praktische Anwendung

Harmonisierung

Um eine nachhaltige innere Ruhe und eine Harmonisierung des persönlichen Emotionalkleides zu erreichen, empfiehlt es sich, mit dem hier dargestellten Projektionsbild „Harmonie“ zu arbeiten. Es geht dabei vor allem darum, eigene Ängste zu neutralisieren (die Angst vor etwas Bestimmten, aber auch grundlegende Ängste, wie Existenzängste usw.). Ziel ist eine weitreichende innere Harmonie, aus welcher heraus die schwierigsten Anforderungen unseres Lebens spielerisch gemeistert werden können.

Zeichne vor dir das Symbol *Elim* und öffne dadurch das morphogenetische Feld. Betrachte nun das Projektionsbild „Harmonisierung“. Lass es in dich einfließen. Du wirst mit jenem Potential deines Bewusstseins verbunden, das sämtliche emotionalen Verletzungen und Irritationen ausheilen kann.
Du erinnerst dich an den Zustand der vollkommenen inneren Harmonie.
Du kannst folgende Affirmation aussprechen oder denken:
„Harmonie und Einklang.
Es ist gut so wie es ist.“

Harmonisierung

Nach ein paar Minuten tauche aus dem Projektionsbild wieder auf und stabilisiere die Wirksamkeit wieder mit *Oom.*
Wenn du diese Übung über mehrere Tage hinweg täglich durchführst, werden emotionale Selbstheilungskräfte in dir aktiv, welche eine nachhaltige innere Harmonie bewirken.

Praktische Anwendung

Im rhythmischen Einklang

Wir haben zuvor mit *Aruna* und *Telsiin* zwei Methoden beschrieben, mit denen akute Stresssituationen und innere Dissonanzen auf schnelle Art und Weise harmonisiert werden können. Um sich allerdings anhaltend im Einklang mit dem eigenen inneren Rhythmus zu befinden, zeigen wir eine Anwendung mit dem Projektionsbild „Einklang".

Einklang

Öffne den Raum mit *Elim.*

Betrachte das Bild „Einklang".
Es erinnert dich an deinen ureigenen Rhythmus.
Aus fremdbestimmten Taktvorgaben wirst du entbunden.

Betrachte das Bild und denke oder spreche folgende Affirmation mehrfach:

*„Ich bin im Einklang
mit meinem eigenen Rhythmus.
Es ist."*

Nach einiger Zeit, ganz deiner eigenen inneren Uhr entsprechend, komm aus dem Projektionsbild wieder heraus.

Mit *Oom* beendest du diesen Vorgang.

Es ist empfehlenswert, dieses Ritual von Zeit zu Zeit zu wiederholen.

Auch zu diesem Thema zeigen wir ein Matrixbild mit dem Wortklang „**Rhythmus**". Es stellt jenen Rhythmus dar, der uns gänzlich entspricht. Es erinnert uns an unsere Fähigkeit, den eigenen Rhythmus zu finden und in ihm zu bleiben.

Verwende dieses Matrixbild, um dir ein ideales Zeitmanagement zu verwirklichen.

Betrachte es an mehreren aufeinanderfolgenden Tagen für ein paar Minuten in einem meditativen ruhigen Zustand.

Gesundheit und Wohlbefinden

Unser Bewusstsein umgibt und durchdringt unseren Körper. Es nimmt durch diesen hindurch wahr.

Wir begegnen einem Menschen. Wir sehen seinen Körper, seine Kleidung, seine Bewegungen und hören seine Sprache. Wir nehmen seine Ausstrahlung wahr.
Wir sprechen von seinem „Erscheinungsbild" und meinen damit mehr, als das, was wir physisch sehen. Wir sagen, dass die Kleidung des Menschen, seine Wortwahl, seine Bewegungen etwas über diesen Menschen aussagen. Wir spüren aber auch, dass das, was wir sehen, nicht den ganzen Menschen ausmacht.

Was ist nun der Mensch in seiner Gesamtheit?
Der Körper alleine ist es nicht. Wir sprechen dann von einem Menschen, wenn sich in diesem Körper Leben befindet. Was ist aber dieses Leben? Die wohl sehr hilflose Idee, dass das Leben durch unsere Gehirnfunktionen zustande käme, beantwortet uns diese Frage nicht im geringsten. Denn wenn wir unsere eigene Lebendigkeit und unser eigenes Bewusstsein spüren, wissen wir, dass diese nicht über die Funktion eines genialen Computers, unseres Gehirnes, zustande kommen können. Denn *wir sind*, aber wir sind keineswegs ein Ergebnis von Funktionen.
Über die Gehirnfunktionen alleine können wir die Frage nicht klären, wie das Leben in unseren Körper „hineingekommen" ist.

Es bedarf wohl einer Art Initialzündung, die das Gehirn und unseren Körper mit Lebendigkeit erfüllt. Wir befinden uns zur Zeit in diesem, unsere Existenz ist aber davon nicht abhängig. Denn durch die Nahtoderlebnisse wissen wir, dass Bewusstsein und Wahrnehmung eindeutig (und sogar in einem wesentlich intensiveren Maße) vorhanden sind, wenn das Gehirn bereits seine Funktionen eingestellt hat.

Wir wissen daher ganz klar, dass unser Bewusstsein den physischen Körper umgibt und diesen offenbar nutzt, um durch ihn hindurch wahrzunehmen. Unser Bewusstsein scheint unseren Körper als Wahrnehmungsorgan zu nutzen. Unser Gehirn bildet dabei eine „Schnittstelle", eine Verbindung zwischen unserem Bewusstsein in seiner Gesamtheit und jener Bewusstheit, die wir innerhalb unseres körperlichen Seins erleben können. Diese körperliche Bewusstheit ist allerdings, wie wir es aus den Nahtoderlebnissen wissen, nur ein geringer Teil unseres gesamten Bewusstseins.

Doch wozu das Ganze? Geht es darum, etwas zu *erfahren*? Will unser Bewusstsein wissen, wie es ist, in einem physischen Körper zu sein?

Nicht der Körper ist es, der das Bewusstsein erzeugt.

Unser Bewusstsein ist es, das die Entwicklung des Körpers über biologisch-organische Prozesse prägt und leitet.

Es macht keinen Sinn zu glauben, dass der Körper und im Speziellen das Gehirn Bewusstsein und Leben erschaffen. Dieser Glaubenssatz, der von manchen „wissenschaftlichen" Strömungen geprägt wurde, ist durch die oben beschriebenen Überlegungen keineswegs haltbar. Er entfremdet uns sogar von uns selbst, da wir durch seine Irreführung nicht begreifen, was das Leben tatsächlich ist. Er entfremdet uns von unserem Wissen über das Leben und erschafft dadurch die Angst vor dem Tod.

Ein wesentlich sinnvollerer Ansatz, um zu begreifen, was der Mensch in seiner Gesamtheit tatsächlich ist, liegt darin, unser gesamtes, großes Bewusstsein als etwas zu verstehen, das unseren Körper umgibt. Wenn unser Körper heranwächst, wenn wir mit unserem Gehirn lernen und damit Zusammenhänge schrittweise begreifen, geschieht dies in Wechselwirkung mit unserem Bewusstsein. Dieses Bewusstsein wird damit direkt verbunden sein und die körperlichen Entwicklungsvorgänge prägen. Wir gehen daher eindeutig davon aus, dass unser Bewusstsein die Entwicklung unseres Körpers prägt und über biologisch-organische Vorgänge lenkt.

Die Grundlage unserer Existenz wird dementsprechend von unserem Bewusstsein geschaffen, welches hinter der körperlichen Erscheinung liegt. Die körperliche Erscheinung stellt die sichtbare Oberfläche jener großen Gesamtheit, die wir sind, dar. Dies ist durchaus mit einem Computer vergleichbar: Wir sehen am Bildschirm das, was wir zum Arbeiten benötigen. Dies ist aber im Bezug auf die Gesamtheit aller stattfindenden Abläufe und Vorgänge nur ein oberflächlicher Teilbereich. Die Fülle der Prozesse und Berechnungen läuft für uns unsichtbar im Hintergrund ab.

Das körperliche Erscheinungsbild ist also ein sichtbarer Ausdruck unseres großen Bewusstseins. Aufgrund unserer besonderen Verbundenheit mit unserem Körper ist unsere aktuell zugängliche Bewusstheit nur ein Teilbereich unseres gesamten Bewusstseins. Sämtliche Fähigkeiten, die wir entfaltet haben, waren grundlegend in unserem Bewusstsein angelegt. Aber erst aufgrund unserer Lebenserfahrungen und unserer Lernfähigkeit konnten wir diese potentiellen Fähigkeiten in unsere Bewusstheit integrieren und so in unserer Körperlichkeit realisieren. Wenn wir beim Bild unseres Computers bleiben: Dieser beinhaltet eine Fülle von Programmen. Aber erst wenn wir damit umzugehen lernen, können wir deren Funktionen nutzen und an der Oberfläche (also am Bildschirm) sichtbar machen.

Das Erscheinungsbild eines Menschen ist der wahrnehmbare Ausdruck seines großen Bewusstseins.

Je direkter ein Mensch den Zugang zu seinem Bewusstsein gefunden hat, desto faszinierender wirkt er auf uns.

Wir haben zuvor vom Erscheinungsbild eines Menschen gesprochen. Manche Menschen erscheinen uns als unangenehm, andere wieder als großartig und faszinierend. Je näher ein Mensch an die Größe seines Bewusstseins herangekommen ist, desto größer wird für uns die Faszination sein, die er auf uns ausübt. Das Erscheinungsbild ergibt sich vordergründig aus dem, was wir sehen, aber insgesamt vor allem daraus, wie sehr dieser Mensch einen direkten Zugang zu seinem großen Bewusstsein gefunden hat.

**Die Matrix unseres Lebensplanes ist ein wesentlicher Teil unseres Bewusstseins.
Sie beinhaltet den vollkommenen Seinszustand.**

Ziel unseres Lebens ist es, diese Matrix weitestgehend zu realisieren.

Gesundheit bezeichnet den Zustand, mit diesem Programm, mit dem Zustand *„wie es sein soll“*, weitestgehend eins zu sein.

Nach unseren Erfahrungen wissen wir, dass unser Bewusstsein in seiner Gesamtheit und Großartigkeit alles beinhaltet, was wir in unserem Leben verwirklichen können. Es beinhaltet vor allem ein komplexes Programm, in dem unser Lebensplan verankert ist. Wir können uns dieses Programm wie eine Matrix vorstellen, mit der wir ununterbrochen verbunden sind. Je nachdem, wie wir leben und in welchen Lebensumständen wir uns befinden, wird diese Matrix reagieren und Gegebenheiten geschehen lassen. Diese Matrix, die unseren Lebensplan darstellt, ist vollkommen. Sie beinhaltet den Plan für alles, *wie es sein soll*. Sie beinhaltet gleichsam den vollkommenen Zustand. Sie ist gänzlich einverwoben in das allgemeine morphogenetische Feld und steht im Einklang mit allen darin verankerten Entwicklungs- und Evolutionsplänen.

Das Spiel unseres Lebens besteht nun darin, mit unserer ureigenen Matrix eins zu werden – so weit wie möglich. Unsere Lebensumstände und vor allem unsere fehlgestalteten Glaubenssätze wirken häufig entfremdend auf uns; sie entfernen uns aus unserer Verbindung mit unserem Bewusstsein und unserem Lebensplan.
Die Folge davon ist häufig Krankheit, auf seelischer und körperlicher Ebene. Wenn

wir einen Beruf ausüben, der uns absolut nicht entspricht, oder wenn wir in einer Partnerschaft leben, die uns schon längst nicht mehr fördert, entfernen wir uns mehr und mehr von unserem Lebensplan. Wir verlieren den Kontakt zu jener Matrix, die jenen Sollzustand darstellt.

Unter *Gesundheit* hingegen verstehen wir einen Zustand, in dem sich weitestgehend alles im Einklang mit dem „wie es sein soll" befindet. Wir haben in diesem Zustand die Möglichkeit, das zu leben, was wir tatsächlich sind. Wir können in uns das entfalten, was in uns angelegt ist.

Wahre Medizin vermittelt. Sie verbindet uns mit der Matrix unseres Lebensplanes.

So können die Selbstheilungskräfte aktiv werden und Heilung stattfinden.

Heilung kann nun als Weg aus dem Zustand der Krankheit in das Gesund-sein verstanden werden. Tatsächliche Heilung wird daher immer dann stattfinden, wenn wir mit uns selbst, mit der Matrix unseres Lebensplans, mit dem Zustand „wie es sein soll" wieder in Kontakt treten können. Das ursprüngliche Verständnis für das Wort „Mediziner" beschreibt genau das: Der Medi-ziner trägt eine *Vermittlerrolle*. Er hat die Aufgabe, denjenigen, der die Verbindung zu sich selbst verloren hat, wieder mit sich selbst zu vereinen. Unsere moderne Medizin hat mitunter sehr gute Wege gefunden, um Symptome zu lindern. Dies sind natürlich wertvolle Hilfsmittel auf dem Weg zu einer Heilung, aber es ist noch nicht die Heilung selbst. Die Linderung von Schmerzen und Symptomen kann

einen Weg eröffnen, um wieder zu sich selbst zu finden. Es wäre aber die Aufgabe einer ganzheitlichen Medizin, auf die Notwendigkeit dieses Weges auch hinzuweisen und Möglichkeiten zu zeigen, wie dieser gegangen werden kann.
Wenn wir den Kontakt zu unserem großen Bewusstsein und vor allem zur darin verankerten Matrix unseres Lebensplanes wieder finden, erwachen in uns die *Selbstheilungskräfte*. Unser Körper und unsere Psyche haben es dann nicht mehr nötig, eine Entfremdung vom Sollzustand über Krankheitssymptome auszudrücken.
Heilung findet statt.

Wir werden daher hier Hilfsmittel beschreiben, durch deren Hilfe wir mit unserem Bewusstsein und mit unserem großen Lebensplan in Kontakt treten und ihn in unser Leben integrieren können - um Gesundheit und Wohlbefinden zu erreichen und zu erhalten.

Die Verbindung mit der Urkraft des Lebens

Wir können uns als „Kinder dieser Erde" verstehen. Wir empfangen alles von diesem Planeten, was wir für unser Leben brauchen. Unsere Mythen haben daher die Erde immer schon als eine nährende Mutter dargestellt.

Wir können in diesem Bild bleiben.
Unser Bewusstsein und die Matrix unseres Lebensplanes sind mit dem morphogeneti-

schen Feld der Erde direkt verwoben und stehen damit in einer andauernden Wechselwirkung. Auf der Ebene der Bewusstseinsmatrizen betrachtet erhalten wir alles, was wir für unsere körperliche Existenz brauchen, von der Erde. Sie stellt jene Schwingungsfrequenzen bereit, die wir benötigen, um die Matrix unseres Lebensplanes mit der Gesamtheit zu verweben.
Für die alten Kulturen war die Mutter Erde stets eine Ernährerin, die aus ihrer Mitte den Lebenssaft, die Urkraft des Lebens an uns abgibt.

Praktische Anwendung

Um den nährenden Austausch mit unserem Planeten (von dem wir uns ziemlich häufig entfremden) zu intensivieren, können wir die nebenan abgebildeten Symbolbilder *Hol* und *Inti* anwenden.
Sie bringen Ordnung in Situationen und Zustände, die aus der Ordnung geraten sind, besonders auf der körperlichen Ebene. Sie erinnern unser körperliches System an eine harmonische Verbundenheit mit der Mutter Erde. Sie erinnern uns an eine grundlegende Geborgenheit.

Hol

Dem Symbolbild *Hol* fällt dabei die Aufgabe zu, aus unserem energetischen und körperlichen System all das ab- und auszuleiten, was auf uns ungünstig einwirkt und uns krank macht. Die Erde nimmt all dies auf und neutralisiert es.

Inti

Inti hingegen baut uns neu auf, gibt uns

neue Kraft. Genauer gesagt erinnert uns dieses Symbolbild daran, dass wir „Kinder der Erde“ sind. Wir werden wieder aufnahmefähig und aufnahmebereit für den „Lebenssaft“, der aus dem Energiefeld der Erde kommend in uns aufsteigen will.

Immer dann, wenn wir im Körper Dissonanzen wahrnehmen, können wir diese Symbole nacheinander über unsere Handinnenflächen zeichnen, und zwar mit der rechten Hand über die linke und mit der linken Hand über die rechte. Beginne beim Zeichnen des Symbols *Hol* am oberen Linienende, bei *Inti* links unten.
Es wird nach dem Zeichnen der Symbolbilder sehr bald ein Wärmegefühl spürbar, das wir in unseren Körper aufsteigen lassen können. Schmerzzustände wie auch Grippe und Fieber wurden nach solch einer Übertragung bereits häufig bereinigt.

Wenn Symptome schwinden ist es stets dringend angeraten, die dahinter liegenden Ursachen ebenfalls zu bereinigen. Wir erkennen diese jedenfalls. Unsere Lebensumstände zeigen sie uns auf, sofern wir Lebensumstände nicht als „widrig“, sondern als Lehrmeister betrachten, die uns etwas verdeutlichen wollen.

Praktische Anwendung

Phänomenale Erlebnisse hatten wir bereits mehrfach mit dem Symbol *Hamor*. Besonders bei akuten Schmerzen aufgrund einer Operation oder einer Verletzung, sowie bei chronischen Schmerzen, wie bei Rheuma, hat die Anwendung dieses Symbols überraschend schnell Linderung gebracht.

Hamor

Zeichne dieses Symbol auf ein Pflaster oder auf einen Verband, den du dann über der schmerzenden Stelle anbringst.
Hamor symbolisiert die Bereitschaft, die Urkraft in uns einfließen zu lassen. Schmerzempfindungen hingegen werden ausgeleitet.

Praktische Anwendung

Heilung durch Ganzheit

Wenn wir mit unseren Selbstheilungskräften eins sind, wenn wir diese aktivieren und in unser Leben einfließen lassen, kann wirkliche, grundlegende Heilung stattfinden.

Arbeitet man mit dem Projektionsbild „Ganzheit", so wird alles, was lebt, mit den Systemen des eigenen Umfeldes harmonisch verbunden.
Wir werden an die Kraft unseres Bewusstseins, welches das, was zusammengehört,

wieder vereinen kann, erinnert. Wir bekommen über das Projektionsbild wieder Zugang zu dieser uns zugrunde liegenden Fähigkeit.

Ganzheit

Betrachte das Bild „Ganzheit" und lass es auf dich einwirken.
Verwende wie ein Mantra die Worte:
„Elshaddai Shikaina".
Wiederhole sie mehrmals.
Diese Worte stammen aus dem Aramäischen und können mit „Vater-Mutter-Gottheit" oder noch besser mit „die allumfassende Einheit, die im Göttlichen existiert" übersetzt werden.

Praktische Anwendung

besteht darin, einen „**Glücksstein**" (am besten einen Bergkristall) mit der Information dieses Bildes zu programmieren.
Reinige diesen Stein zuvor mit dem Bild *Acbahum*. Genauere Beschreibungen dazu findest du ab Seite 45.
Lege danach den Stein auf dieses Bild und lasse ihn darauf am besten für 24 Stunden liegen.

Dieser Stein trägt dann die Fähigkeit in sich, dich an deine Selbstheilungskraft und an deine Fähigkeit, das zusammenzufügen, was zusammen gehört, zu erinnern.
Trage ihn bei dir und lass Heilung in dir stattfinden.

Praktische Anwendung

Kontakt mit dem eigenen Lebensplan

Wenn wir uns den Lebensplan als Matrix vorstellen, welche Teil unseres großen Bewusstseins ist, so liegt es nahe, ein Matrixbild zu verwenden, das uns den Zugang zu unserem Bewusstsein erleichtert.

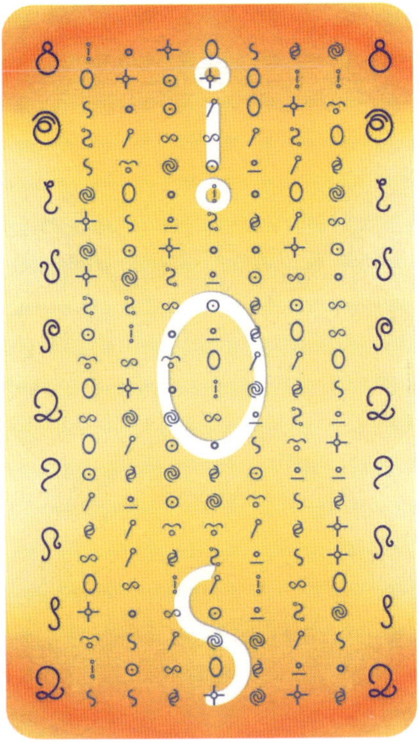

Wir erzeugen mit der hier dargestellten Matrix „Gesundheit" ein Schwingungsfeld, das Entfremdungen zwischen unserem eigenen Lebensplan und uns selbst neutralisiert. Es wird ein Raum geschaffen, welcher die Verwirklichung unseres Lebensplans leichter stattfinden lässt. Wie oben beschrieben findet dadurch ein großes Heil-werden in uns statt.

Du kannst immer wieder die Matrix „Gesundheit" für ein paar Minuten zwischen deine Hände nehmen.
Beobachte dabei dich selbst.
Was passiert in dir und was spürst du? Beobachte vor allem, was sich in den darauffolgenden Tagen in deinem Leben ereignet.

Neutralisation von Störfeldern

Wir leben heute in einer Umwelt, in der wir selbst eine Vielzahl von Störfeldern geschaffen haben. Durch die Methoden der Bioresonanz (zum Beispiel durch den Muskeltest) kann eindeutig nachgewiesen werden, dass beispielsweise eingeschaltete Handys und Schnurlos-Telefone unseren Körper schwächen. Dasselbe gilt für jene Geräte, die starken Elektrosmog erzeugen, wie Bildschirme, Fernseher, PCs usw.

Äußerst ungünstig für unsere Gesundheit sind auch diverse Sendestationen, wie Handymasten oder Fernseh- und Rundfunksender. Die von ihnen gesendeten Frequenzen korrespondieren sehr unglücklich mit dem in den Wohnungen und Büros vorhandenen Elektrosmog, da sie diesen verstärken.

Genauer gesagt entsteht durch all diese Störfelder eine Dissonanz, welche die Verbindung zu unserem großen Bewusstsein irritiert. Es entstehen Störfrequenzen, die uns von uns selbst entfremden. Innere Unruhe, Irritationen und psychische Krankheiten sind die Symptome, die dies aufzeigen.

Wir werden nun Möglichkeiten zeigen, wie wir auf diese Störfelder einwirken und sie neutralisieren können.

Praktische Anwendung

Handy- und Bildschirmstrahlung

Flor

Wir können mit dem Symbolbild *Flor* die Frequenzen der Handystrahlen soweit korrigieren, dass diese auf unseren Körper nicht mehr schädlich wirken.

Nimm dein Handy in die linke Hand. Zeichne mit der offenen rechten Hand das Symbol Flor über das Handy. Du kannst dabei folgenden Spruch sagen:
„Kraft meines göttlichen Bewusstseins,
das ICH BIN,
übertrage ich auf dieses Handy das Symbol Flor – jetzt.
Möge es auf diesem Handy solange wirksam bleiben, solange das Handy existiert.“

Ziehe zum Abschluss mit der rechten Hand eine Linksspirale um das Handy herum.

Eine andere Möglichkeit bietet die auf der nächsten Seite abgebildete Matrix, welche die Kraft der „Neutralisation“ darstellt. Sie neutralisiert all jene Strahlungsfrequenzen, welche organischen Strukturen nicht entsprechen.

Lege das Handy für zumindest 10 Minuten auf diese Matrix. Die Information

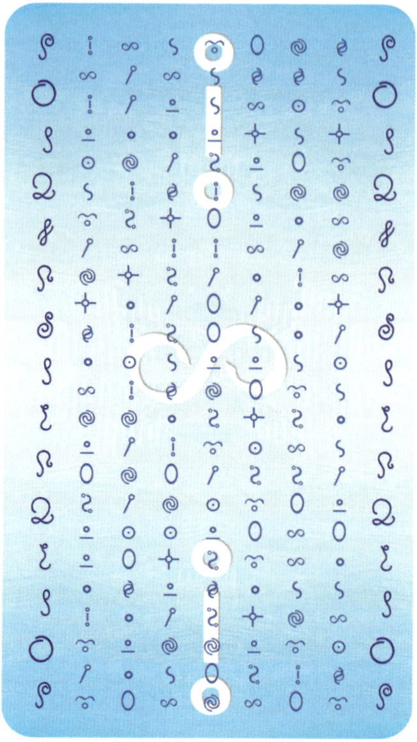

dieser Matrix wird dadurch auf das Handy übertragen und von diesem dauerhaft abgespeichert.

Du kannst auch einen Stein mit dieser Neutralisierungsenergie aufladen. Nachdem du ihn mit *Acbahum* gereinigt hast, lege ihn für 24 Stunden auf diese Matrix. Du erhältst dadurch einen Neutralisator, den du zum Beispiel auf den **Fernseher** oder neben einen **PC-Bildschirm** legen kannst.
Von Zeit zu Zeit (nach ein paar Monaten) sollte der Stein neu aufgeladen werden.

Praktische Anwendung

Abschirmung von Räumen

Flor

Empfehlenswert ist es, Wohn- und Arbeitsräume vor ungünstigen Strahlungsfrequenzen abzuschirmen, besonders dann, wenn sich in der Nähe Handymasten, Hochspannungsleitungen oder ähnliche Strahlungsobjekte befinden.
Dies funktioniert auf sehr einfache Weise mit dem nebenan abgebildeten Programm, einer erweiterten Version des Symbolbildes *Flor*.

Du kannst dieses Programm auf Klebeetiketten aufzeichnen und diese am Fenster innen aufkleben, am besten auf jeder Fensterfront einen Kleber. Wir bieten dazu fertige Kleber an (siehe Anhang).

Eine andere Möglichkeit besteht darin, einen Kristall mit diesem Programm zu informieren. Reinige dazu den Kristall mit dem Projektionsbild *Acbahum* (siehe Seite 45) und lege ihn danach auf das abgebildete Flor-Programm.
Lass ihn dort für 24 Stunden liegen.
Wenn du diesen Kristall zum Fenster legst, hat er dieselbe abschirmende Wirkung.

PRAKTISCHE ANWENDUNG

NEUTRALISATION VON ELEKTROSMOG

Um den Elektrosmog einer gesamten Wohnung oder eines gesamten Hauses weitestgehend zu neutralisieren, leisten drei Klebeetiketten, die das Symbol *Flor* darstellen, wertvolle Hilfsdienste. Wir haben auch damit bereits die besten Erfahrungen gemacht.

Zeichne auf drei Klebeetiketten das Symbol *Flor* und bringe es im Sicherungskasten deiner Wohnung oder deines Hauses an. Von dort aus wird der Strom des gesamten Haushaltes verteilt.
Klebe die Etiketten im skizzierten Schema innerhalb des Sicherungskastens (zum Beispiel an der Innenseite der Tür) auf.

Aktiviere dies mit folgendem Spruch:
„Kraft meines göttlichen Bewusstseins,
das ICH BIN,
übertrage ich auf
den gesamten Stromkreislauf
die neutralisierende Kraft
von FLOR – jetzt.
Möge diese so lange hier aktiv sein,
solange dieser Stromkreislauf existiert."

PRAKTISCHE ANWENDUNG

EINHÜLLUNG DES EIGENEN KÖRPERS

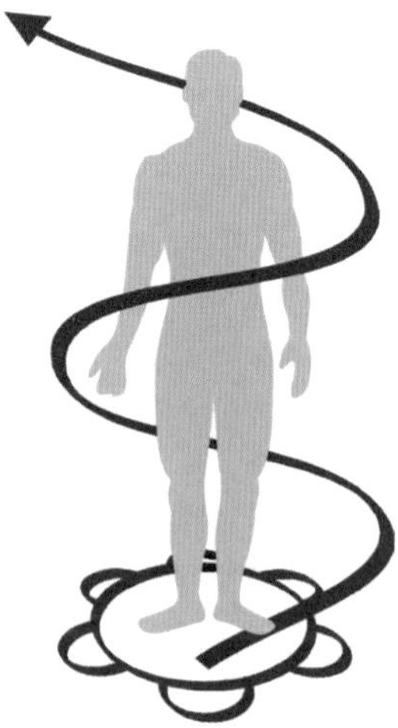

Durch unsere alltäglichen Aktivitäten sind wir zumeist einer Vielzahl von Störfeldern ausgesetzt. Wir können uns aber in eine Energieform einhüllen, welche dissonante Frequenzen neutralisiert. Verwende dazu wieder das Symbolbild *Flor* und wende es in folgender Übung an:

Diese Übung wirkt am effektivsten in der Früh.
Stell dir das Symbolbild *Flor* am Boden um deine Füße herum vor, der große Kreis umschließt deine Füße und wird von den sechs Halbkreisen umgeben.
Nun stell dir vor, wie diese Form sich gegen den Uhrzeigersinn zu drehen beginnt und um dich herum hochzieht. Es entsteht dadurch eine Hülle um dich, die dich behutsam einbettet.

Es ist empfehlenswert, diese Übung 7 Tage lang zu wiederholen. Dadurch wird die Information der Einbettung dauerhaft in deinem System integriert.

Entstörung und Belebung

Jene Lebensmittel, die wir meistens zu uns nehmen, sind mit einer Vielzahl von Methoden behandelt worden – von der Produktion angefangen, bis zum Verkauf – welche nicht unbedingt deren Bekömmlichkeit und schon gar nicht deren Lebendigkeit fördert. Beispielsweise erzeugt Genmanipulation bei der Lebensmittelherstellung höchstgradige Entfremdungen, da jene Menschen, die diese Manipulationen kreiert haben und durchführen, das Leben in seiner Gesamtheit keineswegs begreifen und die Methoden dementsprechend wenig daran anpassen. Genauso sonderbar ist es, dass bei der Lebensmittelproduktion Zusätze von Stoffen üblich sind, welche als Nervengifte bekannt sind.

Eine weitere unangenehme Entfremdung der Lebensmittel geschieht durch den EAN-Code, besonders dann, wenn das Produkt über den Laserscanner gezogen wird. In diesem Moment wird ein Störfeld aktiv, das den Lebensmitteln (wie auch allen anderen Produkten, die dies erfahren) die Lebendigkeit raubt. Dies kann einwandfrei über Meßmethoden der Bioresonanz nachgewiesen werden.

Eine einfache Abhilfe von Seiten der Hersteller bestünde darin, den EAN-Code mit zwei Querstrichen oben und unten zu neutralisieren (siehe Skizze). Äußerst selten wurde dies bisher erkannt. Positiv zu erwähnen sind in diesem Zusammenhang manche Hersteller von homöopathischen Präparaten.

PRAKTISCHE ANWENDUNG

ENTSTÖRUNG VON LEBENSMITTELN

TALG

Um bei einem herkömmlichen Einkauf die Störfelder des EAN-Codes, als auch die Entfremdungen, welche bei der Herstellung der Produkte bereits entstanden sind, zu neutralisieren, leistet das Symbolbild *Talg* wertvolle Dienste.
Es setzt die Wirkung der Störfelder auf „Null“ (das wird durch den Kreis symbolisiert) und richtet das Produkt, auf das es übertragen wird, auf (durch den aufwärtsziehenden Pfeil dargestellt).
Wenn du bei einem Einkauf vor der Kasse stehst, kannst du auf all deine Produkte dieses Symbolbild übertragen, indem du dir diese Übertragung kraft deines Geistes vorstellst.
Dies verhindert vor allem die störende Aktivierung des EAN-Codes durch den Laserscanner.

Genauso kannst du vor jedem Essen dieses Symbol gedanklich auf deine Speisen projizieren.

Daheim empfiehlt es sich, dieses Symbolbild dauerhaft auf den **Esstisch** zu übertragen. Dadurch wirkt diese Kraft auf alle Produkte, die auf diesen Tisch gestellt werden.

Begib dich dazu an den Esstisch und öffne dessen morphogenetisches Feld mit *Elim*.

Zeichne nun das Symbol *Talg* über den gesamten Esstisch.
Du kannst dazu folgenden Übertragungsspruch sagen:
„Kraft meines göttlichen Bewusstseins,
das ICH BIN
übertrage ich auf diesen Tisch
das Symbolbild Talg.
Möge es auf diesem Tisch solange aktiv bleiben, solange er existiert.“

Mit dem Zeichnen von *Oom* schließt du diesen Vorgang ab und stabilisierst dadurch die Wirksamkeit.

Entstörung von Medikamenten und Kosmetika

Sowohl Medikamente, als auch viele von uns verwendeten Kosmetika sind mit schädlichen Nebenwirkungen behaftet. Es ist daher äußerst empfehlenswert, diese zu entstören.

Auch hier haben wir mit dem Symbol *Talg* ausgezeichnete Ergebnisse erzielt. Zeichne dazu, wie oben beschrieben, dieses Symbol über die Medikamentenverpackung oder über das Kosmetikum.

Eine andere Methode bietet die nachstehende Matrix.

Die Belebungsmatrix

Die hier abgebildete Matrix drückt die Information von „Entstörung und Belebung" aus. Sie erzeugt ein Schwingungsfeld, welches dissonante Frequenzen neutralisieren und Entfremdungen beheben kann.

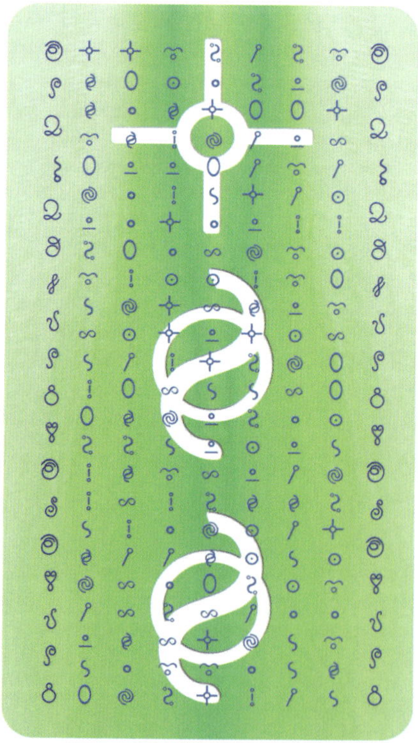

Dadurch können zum Beispiel Lebensmittel eine neue Belebung erfahren und wieder zu wirklichen Lebens-Mitteln werden.

Du kannst Produkte (zum Beispiel Medikamente und Kosmetika) direkt auf diese Matrix legen und dort für zumindest 10 Minuten liegen lassen.

Du kannst dir aber auch einen **Belebungskristall** programmieren.

Wähle dir dazu einen geeigneten Stein aus. Reinige ihn mit dem

Klärungsbild *Acbahum* (siehe Seite 45) und gib ihn danach, am besten über 24 Stunden auf, diese Matrix.

Überall dort, wo du diesen Kristall auflegst, findet Entstörung und Belebung statt. Wenn du ihn bei dir trägst, wirkt er stärkend auf deinen Organismus.

WIR SIND

WASSERBELEBUNG
KOMMUNIKATION, PARTNERSCHAFT
ERFOLG UND REICHTUM

Wasserbelebung

Unser Körper besteht zu ca. 70% aus Wasser. Allein schon deshalb ist es empfehlenswert, Wasser in ausreichendem Maße und in guter Qualität zu sich zu nehmen.
Dem Element Wasser entspricht eine gänzlich freie, mäanderartige Bewegungsform. Selbst wenn ein Wassertropfen auf einer gänzlich glatten Oberfläche, wie einer Fensterscheibe, entlang rinnt, wählt er nicht den geradlinigen, linearen Weg, sondern die Wellenlinie.

Wenn wir unser Trinkwasser mit hohem Druck durch geradlinige Rohre pressen, widerspricht dies dem Wesen des Wassers zur Gänze. Natürliches, frei fließendes Wasser hat zumeist eine rechtsdrehende, durch Rohre gepresstes Wasser zumeist eine linksdrehende Eigenschaft. Diese kann durch physikalische Methoden optisch nachgewiesen werden. Außerdem bildet unter Druck stehendes Wasser wesentlich kürzere Molekularketten aus; die einzelnen Wassermoleküle weisen eine größere Isolation untereinander auf. Eine Isolation, die sich in unseren Sozialstrukturen, besonders in jenen der Großstädte, wiederzuspiegeln scheint.

Gerade das rechtsdrehende Wasser ist es aber, das unser Organismus braucht. Linksdrehendes Wasser wird als denaturiert erkannt und kann seine lebensspendende Kraft nur geringfügig an uns abgeben.

Es wurden in den letzten Jahren eine Reihe von Wasseraufbereitungsgeräten mit zum Teil sehr hohem technischen Aufwand entwickelt. All diese Geräte trachten danach, das Leitungswasser wieder in seine natürliche Kraft zu setzen und ihm wieder seine rechtsdrehende Eigenschaft zu geben. Mit den von uns entdeckten Symbolbildern können wir ebenfalls ein Schwingungsfeld erzeugen, welches das Wasser an seine Natürlichkeit erinnert. Es wurden damit bereits erstaunliche Erfahrungen gemacht. Wir haben wiederholt beobachtet, dass sich das Wasser in einem kleinen Teich gänzlich geklärt hatte, nachdem wir diese Symbolbilder auf einen Stein gezeichnet hatten, der dann ins Wasser gelegt wurde. Das Wasser war innerhalb der nächsten Tage (und manchmal sogar über Nacht) frei von Algen und um ein Vielfaches klarer.

Wenn wir diese Symbolbilder auf unsere Wasserleitungen übertragen, erhalten wir ein Trinkwasser, das wesentlich besser schmeckt. Es hat sich außerdem gezeigt, dass sich der Kalk in kalkhaltigem Wasser viel besser löst, sodass er seine Aggressivität verliert. Sowohl Kochtöpfe als auch Wasserrohre verkalken kaum mehr. Kalkrückstände können mit einem Tuch weggewischt werden und müssen nicht mehr mühsam entfernt werden.

Manchmal durchlaufen besonders ältere Wasserrohre unmittelbar nach der Übertragung dieser Symbole eine Art Reinigungsprozess. Kalk- und Rostablagerungen beginnen sich im Inneren der Rohre zu lösen und werden abgegeben. Dies kann über mehrere Tage andauern. Empfehlenswert ist es dann, das Wasser eine Zeit lang rinnen zu lassen. Danach wird das Leitungswasser deutlich besser im Geschmack.
Weiters wurde beobachtet, dass solch aufbereitetes Wasser wesentlich länger frisch bleibt, wenn man es in Zimmerbrunnen oder zum Beispiel bei der Herstellung von Essenzen verwendet.

Überprüfungen mit Bioresonanzmethoden haben gezeigt, dass dieses Wasser unseren Organismus kräftigt. Dass unser Zellwasser sich darüber freut und unsere Gesundheit dadurch stabiler wird, darf angenommen werden.

Praktische Anwendung

Zeichne die **Wasserbelebungssymbole** möglichst so wie abgebildet auf ein Blatt Papier.

Lege dieses Blatt zu jenem Wasserhahn (in der Küche oder im Bad), auf den du die Symbolinformationen übertragen möchtest.

 Öffne das Feld des Wasserhahns, indem du das Symbol *Elim* über den Wasserhahn zeichnest.
Übertrage nun das Schwingungsfeld der Wasserbelebungssymbole auf den Wasserhahn mit folgendem Spruch:
„Kraft meines göttlichen Bewusstseins, das ICH BIN,
schenke ich diesem Wasserhahn die Kraft der Wasserbelebungssymbole – jetzt.
Mögen diese hier solange wirksam bleiben, solange der Wasserhahn existiert."

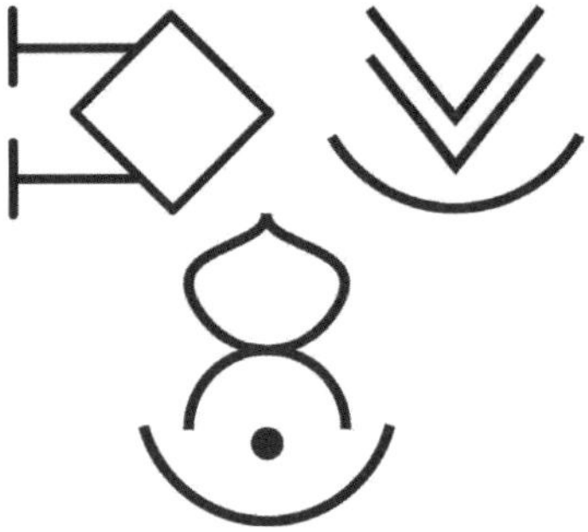

WASSERBELEBUNGS-SYMBOLE

 Schließe das Feld wieder mit *Oom*. Dadurch stabilisierst du die Wirksamkeit jener Schwingungsfrequenzen, die durch die Wasserbelebungssymbole erschaffen wurden.

Du kannst die gezeichnete Karte in der Nähe des Wasserhahnes belassen, was aber nicht unbedingt erforderlich ist.

Es hat sich gezeigt, dass die Wirksamkeit sich nach mehreren Monaten abschleifen kann. Eine Wiederholung dieses Rituals macht dann Sinn. Je öfter dieses Ritual wiederholt wird, desto anhaltender ist seine Wirksamkeit.

PRAKTISCHE ANWENDUNG

Eine weitere Methode zur Wasserbelebung ist durch die nebenan dargestellte Matrix möglich. Sie beinhaltet die Information „**Wasserkraft**" und erinnert das Wasser an sein großes kraftvolles Potential.

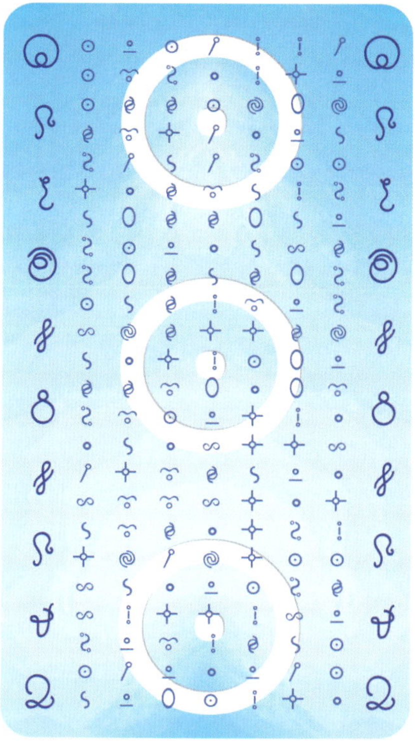

Energetisiere einen unbehandelten **Bergkristall**, den du zuvor mit *Acbahum* (siehe Seite 45) gereinigt hast, mit dieser Matrix. Lege den Stein am besten für 24 Stunden auf dieses Matrixbild.

Wenn du nun diesen Stein in einen Wasserkrug oder in ein Wasserglas gibst, belebt er das Wasser mit dieser Information. Durch sein Pulsieren gibt er das Programm dieser Matrix an das Wasser weiter.

Ein Bergkristall sollte nicht ununterbrochen im Wasser liegen, da er dadurch ermüdet. Wenn er in einem Wasserkrug liegt, in dem sich ständig Wasser befindet, sollte er nach ein bis zwei Wochen für einige Zeit (zum Beispiel für einen Tag) daraus wieder entnommen werden, um sich auszuruhen.
Es macht Sinn, ihn in dieser Zeit mit der Matrix neu aufzuladen.

Kommunikation

Das Wichtigste im Umgang mit unserem Umfeld ist eine *offene* Kommunikation, ein Austausch, der frei lässt und unser Gegenüber so sein lässt, wie es ist.

Eine offene Kommunikation basiert auf einer wertfreien Grundeinstellung.

Wir kennen all jene Kommunikationsformen, die nicht offen sind:
Wenn wir unserem Gesprächspartner beispielsweise mitteilen, dass wir „die beste" Lösung für ein Problem gefunden haben, zwingen wir ihm diese Lösung gleichsam auf. In Wahrheit können wir aber immer nur sagen, dass wir eine Lösung gefunden haben, die *uns* als die bestmögliche erscheint. Ein beliebtes Spiel von nicht offener Kommunikation liegt im Erklären von einzig gültigen Wahrheiten. Besonders dann, wenn es um Wahrnehmen und Erkennen geht, können wir immer nur sagen, dass wir *von unserer Position aus betrachtet* etwas als wahr erkannt haben.

So kann ein Gesprächsklima angehoben werden und für alle Beteiligten wertvolle Ergebnisse bringen.

Wenn wir auf eine fruchtbringende Kommunikation wert legen, sollte unserem Gegenüber stets frei gelassen werden, welche Schlüsse er zieht und welche Wahrheit ihm entspricht.

Die wertfreie Haltung

Eine wesentliche Voraussetzung für eine offene Kommunikation besteht in einer **wertfreien Haltung**. Wir nehmen das von unserem Gegenüber Dargebrachte als solches an, als Information, die von seinem Standpunkt aus betrachtet richtig ist. Wir setzen diese Information in keine gut – schlecht, positiv – negativ oder wahr – falsch Kategorie, sondern lassen sie frei sein.

Wir erreichen dadurch für uns selbst eine gänzlich wahlfreie Position, wir können so reagieren, wie es der Situation angemessen ist. Gehen wir nämlich zu sehr in eine wertende Haltung, so geraten wir sehr rasch in eine Konfrontation, bei der wir nur all zu leicht den anderen angreifen oder uns selbst angegriffen fühlen und emotional reagieren müssen, auch wenn das für das Gesprächsklima gänzlich kontraproduktiv wäre.

Praktische Anwendung

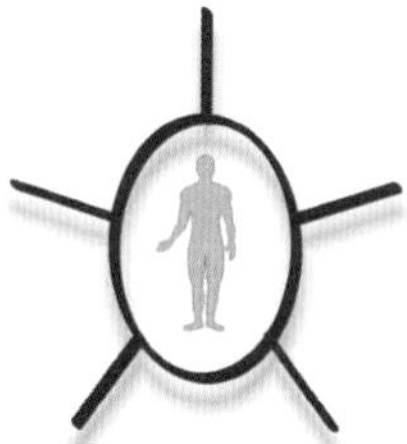

Hondor

Wenn wir während eines Gespräches uns **angegriffen** fühlen, empfiehlt es sich, folgendes Hilfsmittel einmal auszuprobieren:

Stelle dir das Symbolbild *Hondor* um dich herum vor. Es umschließt dich die Ellipse mit den 5 Strahlen, welche der fünfstrahligen Form des Menschen entspricht (Kopf, Arme und Beine).

Das geht innerhalb weniger Sekunden und bewirkt, dass uns angreifende Worte und Haltungen uns innerlich nicht treffen, sondern reflektiert werden. Wir verbleiben dadurch in einer Wahlfreiheit. Wir können nach wie vor ein sinnvolles Kommunikationsklima aufrecht erhalten.

Praktische Anwendung

Das Anheben des Gesprächsklimas

Kommunikation macht nur dann Sinn, wenn sie für alle Beteiligten energiespendend wirkt. Ziel sollte es wohl immer sein, dass durch den verbalen Austausch für alle etwas gewonnen werden kann. Energieraubende Gespräche helfen weder demjenigen, dem Energie entzogen wurde, noch dem, der übermäßig Energie geraubt hatte (da auch er diese Energie nicht halten kann).

Wenn wir also untereinander ein achtendes und wertfreies Gesprächsklima (was gleichzeitig auch ein wertschätzendes ist!) geschaffen haben, können wir dieses weiter anheben, um zu fruchtbringenden Ergebnissen zu kommen.

Moraún

Als hilfreich hat sich dafür die folgende Methode erwiesen:

Das Symbolbild *Moraún* richtet ganz allgemein die in einem Raum oder an einem Ort sich befindenden energetischen Frequenzen auf. Es kann als Klärungssymbol für das morphogenetische Feld verstanden werden. Im konkreten Falle einer Kommunikation kannst du dir vorstellen, wie dieses Symbolbild zwischen deinem Gesprächspartner und dir „erscheint", wie es gleichsam als Frequenzmuster im Raum auftaucht.

Durch die mentale Projektion des Symbols wird das Gesprächsklima deutlich merkbar angenehmer und kann gänzlich neue Türen im Umgang miteinander eröffnen.

Partnerschaft und Liebe

Es gibt eine Fülle von Bildern und Vorstellungen über Partnerschaft, die allesamt in der Realität nur mangelhaft oder gar nicht verwirklichbar sind. Besonders dann, wenn wir in unserem Partner unsere „bessere Hälfte“ suchen.

Wir tragen alles in uns, was wir brauchen.

Wenn wir im Partner nicht mehr das suchen, was uns zu fehlen scheint, sind wir zu einer großen Liebe fähig.

„Ich licbc dich, weil ich dich brauche.“ Das ist eine andere häufig verbreitete Spielart. Doch was für eine Liebe kann das sein, die auf Abhängigkeit basiert?

Die Wurzel der Partnerschaftsproblematiken besteht wohl darin, dass wir im Anderen etwas suchen, was uns zu fehlen scheint. Wir fühlen uns nicht vollständig und projizieren den fehlenden Anteil auf den Partner. Es wird für den anderen eine wohl kaum lösbare Aufgabe sein, das uns Fehlende zu ersetzen.

Der wahrscheinlich einzig mögliche Ansatz für eine erfüllende Partnerschaft wird darin bestehen, dass jeder seine Ganzheit in sich selbst begreift. Beide finden sowohl den männlichen, als auch den weiblichen Anteil in sich selbst vor. Jeder ist fähig, für sich alleine sein zu können. Dadurch entsteht eine grundsätzliche Unabhängigkeit, die den anderen keineswegs benötigt.
Wir haben diesbezüglich sehr sonderbare Programme in unserem Kopf. Wenn wir zu

unserem Partner sagen: „Ich brauche dich nicht“, wird dies vermutlich als Bedrohung für die Beziehung wahrgenommen werden. Unsere sonderbaren Programme sagen, dass Partnerschaft auf Abhängigkeit basiert.
Die Wahrheit wird aber wohl sein, dass Partnerschaft allein in Unabhängigkeit erfüllend sein kann. Denn wie großartig kann eine Liebe sich entfalten, wenn zwei gänzlich freie und selbständige Menschen einander begegnen?

Eine weitere Spielart in Partnerschaften, die ebenfalls kaum funktioniert, besteht im Versuch, sich den anderen zu „sichern“. Dies drückt sich im herkömmlichen Eheversprechen aus, bei dem immerwährende Liebe, Treue und ein gemeinsamer Lebensweg bis zum Tode geschworen wird. Ein Schwur allerdings, der eigentlich niemals wirklich getan werden kann, da er die mächtigen Wandlungstendenzen des Lebens gänzlich außer acht lässt.

Wir Menschen befinden uns auf unseren Lebenswegen in ununterbrochenen Entwicklungsprozessen. Wir tragen Potentiale in uns, die sich verwirklichen wollen. Und so kann es sein, dass es ab einem bestimmten Zeitpunkt förderlich wäre, wenn zwei Partner gänzlich eigene Wege unabhängig voneinander gingen. Es kann sogar sein, dass ein Festhalten an herkömmlichen Partnerschaftsstrukturen für die Entwicklung beider weitestgehend hemmend ist. In solchen Situationen – und die gibt es in großer Anzahl – wäre es gänzlich sinnlos, aufgrund eines Versprechens die anstehende Entwicklung seiner selbst und des Partners zu unterbinden.

Eine große Liebe hält nicht fest.
Sie bindet nicht und sie schränkt nicht ein.
Sie erwartet nichts für die Zukunft.
Eine große Liebe lässt den anderen gänzlich frei.
Sie lässt alles offen.
Und sie begegnet dem anderen vollkommen. Jetzt.

Praktische Anwendung

Die eigene Liebesfähigkeit aktivieren

Vollkommen liebesfähig sind wir dann, wenn wir alles in uns selbst gefunden haben.
Wir sind eins mit uns selbst.
Wir brauchen den anderen nicht und können ihn gerade deshalb bedingungslos lieben.
Die vollkommene Liebesfähigkeit macht uns unendlich weit.

Es ist dies eine Fähigkeit, die in jedem von uns vorhanden ist.

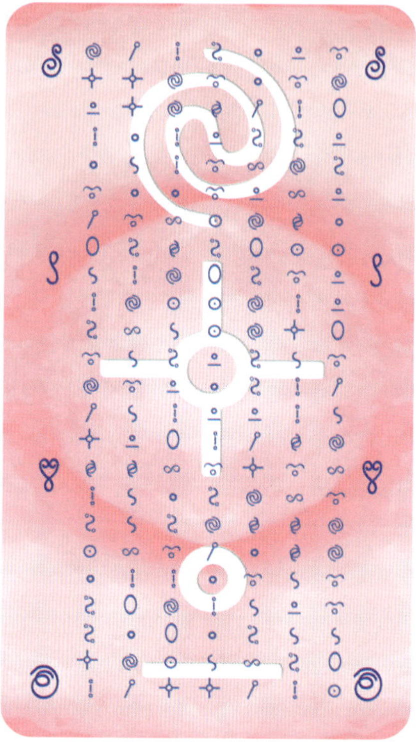

Das hier dargestellte Matrixbild „Liebe“ stellt die gänzlich freie Liebesfähigkeit dar.

Wir können diese Matrix auf uns einwirken lassen, um uns daran zu erinnern.

Entlasse all deine Gedanken. Betrachte die Matrix.

Dein Bewusstsein wird dann nach und nach Freiräume finden, um die Liebesfähigkeit in deine Wirklichkeit einspielen zu können.

PRAKTISCHE ANWENDUNG

DEN PARTNER FINDEN

Wenn man alleine lebt und sich einen Partner wünscht, macht es in der Regel wenig Sinn, den Partner zu suchen. Denn eine zu heftige Suche wirkt auf das Gegenüber häufig bedrängend und lässt nicht frei. Wesentlich effektiver wird dabei sein, das *Bild der Begegnung* in das morphogenetische Feld zu projizieren. Wenn wir uns vorstellen, dass wir dem Menschen begegnen, der für uns in unserer jetzigen

Lebensphase der bestmögliche Partner ist, werden wir attraktiv, das heißt anziehend.

Um dieses Visionsbild bewusst zu projizieren, eignet sich sehr gut die folgende Methode:

Elim

Öffne mit *Elim* das morphogenetische Feld.
Zeichne dieses Symbolbild vor dich in den Raum.
Entlasse deine Gedanken.

Laro

Zeichne das Symbol *Laro* in den Raum. Es wirkt anziehend auf jene Menschen, die in Liebe dich auf deinen Lebenswegen begleiten wollen.
Gleichzeitig erinnert dich dieses Symbolbild daran, dass du im anderen nichts finden wirst, was dir fehlt.
Du hast alles in dir.
Dadurch bist du für eine wahre Liebe fähig.

Oom

Du kannst folgende Affirmation in den Raum sprechen:
„Ich ziehe meinen Partner magnetisch an."
Stell dir die Begegnung mit einem Partner möglichst bildhaft vor.

Durch das Zeichnen von *Oom* stabilisierst du das Bild der Begegnung im morphogenetischen Feld.

Praktische Anwendung

Das Herz aktivieren

Wir zeigen nun eine Möglichkeit, mit der die Herzenswärme zwischen zwei Menschen aktiviert werden kann. Es wird jene Brücke, die von Herz zu Herz läuft, belebt.

Die beiden Partner setzen sich einander gegenüber.
Sie stellen sich aufeinander ein und sehen sich dabei in die Augen.

Ahn

Einer der beiden zeichnet das Symbolbild *Ahn* drei mal über den Brustbereich (über das Herzchakra) des anderen. Beginne beim Zeichnen mit der Wellenlinie links und schließe mit dem Kreis ab.
Dieses Symbol entfaltet in der Aura des Partners eine stark herzöffnende Schwingung. Wir werden an unsere Fähigkeit zur reinen Herzenswärme erinnert.

Der zeichnende Partner sagt dann:
„Ich achte dich und liebe dich genauso wie du bist."

Nun macht der zweite Partner dasselbe noch mal.

Praktische Anwendung

Eine Partnerschaft harmonisieren

Dissonanzen in der Partnerschaft treten vor allem dann auf, wenn der natürliche Entfaltungsprozess der Liebe gehemmt oder gestört wird. Harmonisieren bedeutet grundsätzlich das entstehen zu lassen, was in der Beziehung zueinander entstehen will. Zumeist geht es darum, neue Wege zu finden, und dazu bedarf es einer grundlegenden Offenheit – auch für Neues.

Wir zeigen hier eine Methode, bei der mit Fotos von beiden Partnern (oder alternativ mit einem Blatt, auf dem der Name beider mit deren Geburtsdatum steht) gearbeitet wird. Wir verwenden dazu das auf der nächsten Seite abgebildete Projektionsbild. Dieses wirkt öffnend, indem es neue Wege erkennen lässt und vor allem die Frequenzen der Herzlichkeit in die Beziehung wieder einfließen lässt.

Lege das Projektionsbild auf einen Tisch, der möglichst frei von anderen Dingen sein sollte. Er kann auch schön hergerichtet sein, mit einem Tuch verziert und z. B. mit einer Kerze.
Zeichne nun über das Projektionsbild das Symbol  *Elim*.

Lege auf das Symbolbild „Herzenswärme“ die Fotos der beiden Partner bzw. das Blatt mit deren Namen und Geburtsdaten.

Herzenswärme

Stell dir vor, wie warme, angenehme und harmonisierende Schwingungsfrequenzen auf beide übergehen.

Lass dies einige Minuten so liegen.

Schließe zum Abschluss diesen Vorgang mit *Oom* wieder ab. Die Übertragung wird dadurch stabilisiert.

In derselben Art und Weise kann auch die Atmosphäre unter **Geschäftspartnern,** in einem **Team** oder unter **Arbeitskollegen** merkbar verbessert werden. Bei mehreren Menschen kann anstelle des Fotos der einzelnen Menschen auch eine Bezeichnung für das gesamte Team auf ein Blatt Papier geschrieben werden.
Eine größere Offenheit untereinander und ein produktives Arbeitsklima sind der Lohn.

Ein Liebesgruss an den geliebten Menschen

Es ist durchaus möglich, auch über weite Distanzen hinweg liebevolle und herzliche Schwingungsfrequenzen zu übermitteln. Wir geben dabei Informationen in liebevoller Art in das morphogenetische Feld ein, das vom Adressaten mit Sicherheit empfangen werden kann.

Verwende dazu wieder das oben genannte Projektionsbild „Herzenswärme“.
Lege es vor dir auf einen Tisch und stell dir deinen Partner vor.

Öffne mit *Elim* das morphogenetische Feld.

Stell dir vor, wie durch das Bild liebevolle Schwingungen deinen Partner erreichen.
Du kannst zum Beispiel sagen:
„Kraft meines göttlichen Bewusstseins,
das ICH BIN
übermittle ich dir,.... (Name)
Wärme und Liebe aus meinem Herzen.“

Mit *Oom* wird diese Übermittlung wieder abgeschlossen.

Erfolg und Reichtum

Nachhaltiger Erfolg kann dann erzielt werden, wenn Erfolg als Allgemeingut verstanden wird.

Ein dauerhaft erfolgreicher Mensch hat seine persönlichen Emotionalstrukturen weitestgehend geklärt. Nicht der Wille zur Macht ist es, der ihn leitet, sondern der Wunsch, im Sinne von Gesamtheiten Großartiges zu schaffen.

Erfolgreich zu sein erscheint uns ein höchst erstrebenswertes Ziel zu sein. Eine zentrale Frage wird in diesem Zusammenhang sein, aus welcher Motivation heraus wir uns diesen Erfolg wünschen.

Nähern wir uns diesem Thema an, so stellen sich auch die folgenden Fragen:
Was ist Erfolg tatsächlich, und wodurch kann Erfolg dauerhaft und nachhaltig stattfinden?
Wie gestaltet ein erfolgreicher Mensch sein Leben und was zeichnet ihn aus?

Wir gehen aufgrund unserer Beobachtungen davon aus, dass ein nachhaltiger, andauernder Erfolg nur dann stattfinden kann, wenn ein Mensch sich selbst weitestgehend klären konnte. Je klarer er zum Beispiel dazu fähig ist, Visionsbilder zu kreieren, desto höher wird die Wahrscheinlichkeit für Erfolg letztendlich sein. Wesentlich dabei ist, dass die erschaffenen Visionsbilder mit den aktuellen Gegebenheiten im Einklang sind. Ein Vorhaben macht nur dann wirklich Sinn, wenn es auf das gesamte Umfeld förderlich wirkt.

Stellen wir uns einen Menschen vor, der ein klares Erfolgsbild für eines seiner Vorhaben kreiert, welches einer großen Gesamtheit Nutzen bringt und das für eine Vielzahl von

Menschen neue Entfaltungsmöglichkeiten bietet. Das kann darin bestehen, dass dieser Mensch ein Projekt starten will, durch das Produkte hergestellt werden, die den Käufern Freude bereiten und sie an ihr tatsächliches Potential heranführen können. Das kann allerdings auch darin bestehen, dass durch dieses Projekt viele Menschen Verdienstmöglichkeiten und finanziellen Wohlstand finden werden.

Das morphogenetische Feld ist auf Evolution und Entfaltung sehr stark ausgerichtet. Wird nun ein hilfreiches und allgemein förderliches Visionsbild darin eingebracht, erwachen in diesem Feld unterstützende Programme. Diese schaffen eine Brücke, die den Menschen, der dieses Visionsbild eingebracht hat, mit den großen Potentialen seines Bewusstseins direkter verbindet. Er findet in sich geistige Kräfte und Fähigkeiten, die er bisher noch nicht gekannt hatte. Es wird ein Förderungsprogramm aktiv, das direkt aus dem morphogenetischen Feld kommt. Genauso wird eine Wirkung auf das kollektive Bewusstsein jener Menschen entstehen, die an diesem Projekt beteiligt sein können und denen dieses Vorhaben Nutzen bringen wird. Dadurch erleben wir das Phänomen, dass jene Menschen einander „zufällig" finden, die dieses Projekt erfolgreich miteinander gestalten können.

Es bedarf bei der Erschaffung von großen und kraftvollen Erfolgsbildern einer

emotionalen und inneren Klarheit. Welche Motivation haben wir, wenn wir Erfolg haben wollen? Fühlen wir uns bedürftig und wollen wir endlich einmal gesehen und geachtet werden?
Es ist klar, dass erfolgreiche Menschen auf viele anziehend wirken. Es sollte uns aber genauso klar werden, dass wir kaum erfolgreich sein können, wenn wir in Wirklichkeit Anerkennung und eigentlich Liebe bekommen wollen.

Auch der Wunsch, Macht zu haben, entspringt einem grundlegenden Minderwertigkeitsempfinden und einem Mangel an Liebe. Ein machtausübender Mensch glaubt, durch seine Machtposition Liebe erzwingen zu können. Doch mit der Liebe ist es genauso wie mit dem Erfolg: Es gelingt nur äußerst kurzfristig, sie mit Gewalt durchzusetzen. Sie entschwinden mit Gewissheit bei der nächstbesten Gelegenheit. Wenn es uns in Wirklichkeit um Anerkennung und Liebe geht, sollten wir uns vorerst diesen Themen zuwenden. Der Weg führt über das Finden der eigenen inneren Mitte und der Ganzheit in uns selbst zu einer Liebesfähigkeit. Erst dann wird das Thema des Erfolges für uns von Bedeutung sein. Zu erkennen, wo wir im Moment tatsächlich stehen, zeichnet innere Klarheit aus.

Wir tragen im Bezug auf Erfolg großteils sehr sonderbare Bilder in uns, wie: „Nur einer kann gewinnen“ oder „Nur wer besser ist als die Konkurrenz hat Erfolg“ usw. Wir wollen hier ganz eindeutig und klar festhalten, dass der Gedanke der Konkurrenz ein grundlegender Irrtum und ein falsches Datum in unseren Köpfen darstellt. Wenn ich meiner eigenen Entfaltung und meinem Lebensplan entsprechend handle, kann Konkurrenz keinesfalls existieren. Erzeuge ich zum Beispielein Produkt, das die Menschen nicht benötigen oder das es bereits im Überfluss gibt, so müsste ich in der Tat als „Konkurrent“ auftreten und versuchen, „Marktanteile zu erobern“. Es macht aber keinesfalls Sinn, etwas zu erschaffen, was anderen nicht nützt oder was andere nicht benötigen. Versuche ich dies, so entferne ich mich in Wirklichkeit aus meinem eigenen Potential. Ich begebe mich dann auf das Gebiet eines anderen, mache das, was dem anderen entspricht, lebe dessen Potential (und bezeichne ihn als „Konkurrenten“, den ich zu bekämpfen trachte) – und entfremde mich dadurch von mir selbst. So werde ich wohl kraft- und letztendlich auch erfolglos enden.

Konkurrenzbilder sind grundlegend Fehlprogramme.

Durch die Selbstsicherheit im Bezug auf die eigenen Fähigkeiten werden Konkurrenten zu Kollegen und zu Verbündeten.

Wir sind davon überzeugt, dass jeder Mensch in sich eine Fülle von Fähigkeiten trägt. Wenn wir aus dem Schatz unserer Fähigkeiten heraus etwas erschaffen, so wird dies ein Produkt sein, das anderen nützen kann. Wir bringen dadurch in den „Markt“ ein Produkt ein, für das ein Bedarf besteht. Wir begeben uns dadurch in eine selbstsichere Position. Wir wissen, dass wir etwas schaffen, was für andere eine gewisse Wichtigkeit darstellt. Andere, die ein ähnliches Produkt erzeugen, können aus dieser selbstsicheren Position heraus als Kollegen betrachtet werden, mit denen man sich verbünden und gemeinsame größere Projekte verwirklichen kann.

Um an das Wissen bezüglich der eigenen Fähigkeiten und Potentiale näher heranzukommen, bedarf es einer inneren Klärung. Es geht dabei grundlegend darum, sich nicht auf das Projektionsgebiet anderer zu begeben. Unter dem Projektionsgebiet der anderen verstehen wir jenes Feld, das durch die Vorstellungen und durch die Vermutungen anderer über uns selbst entsteht.

Die Erwartungswelt der anderen bildet ein Gebiet, das uns fremd ist.

Auf fremdem Gebiet werden wir unser eigenes Leben nicht finden können.

Wenn andere Menschen von uns bestimmte Handlungsweisen erwarteen und wir diese erfüllen, um ihnen zu gefallen oder um sie nicht zu verletzen, ohne dass es unserer inneren Wahrheit entspricht, befinden wir uns sehr stark „auf fremdem Gebiet“. Es ist klar, dass dies immer wieder in unserem Leben stattfinden wird. Wird dies allerdings zu einem Dauerzustand, so entfremden wir uns von uns selbst; wir verlieren dadurch das Wissen um unsere eigene Bestimmung und um unseren Lebensplan. Wir würden dadurch mehr und mehr ein uns fremdes Leben führen.
Innere Klarheit aber sieht anders aus.
Wir sollten uns dafür aus den fremden Projektionsbildern grundlegend entheben.

Genauso aus jeder dauerhaften Führung durch andere. Denn wir sind die einzigen, die letztendlich wissen können, wer wir tatsächlich sind. Wir können uns nur mit der Größe unseres *eigenen* Bewusstseins verbinden, nicht mit der eines anderen.
Im Kapitel über die eigene Mitte haben wir wirkungsvolle Methoden für den Weg zu sich selbst dargestellt. Dies ist gleichzeitig der Weg zur inneren Klarheit, welche eine wesentliche Voraussetzung für den Zugang zum Erfolg ist.

Wenn du mühselig und armselig lebst, machst du etwas falsch.
Das Lebensprogramm wurde mit Freude und Leichtigkeit geschrieben.

Ein ebenfalls beliebtes, mit dem Konkurrenzbild durchaus verwandtes Fehlprogramm bezüglich Erfolg besteht darin, dass „Erfolg nur dann stattfinden kann, wenn man hart dafür arbeitet". Warum muss Arbeit „hart" sein? Warum soll das Leben überhaupt mühselig sein?
Von bestimmten (vor allem religiösen) Institutionen wird der Glaubenssatz ausgegeben, dass ein mühevolles Leben „gottgefällig" sei. Ziel dieser mentalen Irritation der „Gläubigen" besteht anscheinend darin, zu verhindern, dass die Menschen in ihre eigene Kraft gehen und ihr persönliches Potential entfalten. Denn kraftvolle Menschen können über Ängste und über „schlechtes Gewissen" keineswegs mehr gelenkt und manipuliert werden – und verlassen dann solch machtorientierte Einrichtungen.
Wir möchten daher hier nochmals ganz klar festhalten, dass die Entfaltung der eigenen

Potentiale stets mit einem Glücksgefühl einher geht. Wer seine Fähigkeiten lebt (und das wird wohl das einzige sein, was „gottgefällig“ ist) wird sich in einer ständig steigenden Lebensfülle wiederfinden. Es werden sich dadurch all jene Türen öffnen, die uns weiterführen. Unsere Vorhaben gehen uns leicht von der Hand.
Um es nochmals ganz klar zu formulieren: Wenn du dich ununterbrochen anstrengen musst, machst du etwas falsch. Dein Lebensplan ist auf Freude und Leichtigkeit angelegt.

ERFOLG - DIE VERWIRKLICHUNG

Erfolg ergibt sich keineswegs aus Glück, das dem einen zufällt und dem anderen nicht. Der Weg zum nachhaltigen, andauernden Erfolg hat durchaus nachvollziehbare Gesetzmäßigkeiten.

Um Erfolg real verwirklichen zu können, wird eine klare Vision äußerst hilfreich sein. Ein starkes Visionsbild wird dann kraftvoll sein, wenn es aus der Motivation entspringt, kreativ etwas Neues gestalten zu wollen, das für eine Vielzahl von Menschen Nutzen bringt.

Wir stellen nun eine Methode dar, durch die ein Wunsch, ein Vorhaben oder ein Projekt in zwei Schritten mithilfe eines Projektionsbildes verwirklicht werden kann:

1. Das Visionsbild wird in das morphogenetische Feld eingebracht und an die Erfordernisse des großen Ganzen angeglichen. Dadurch entsteht das konkrete Bild für ein allgemein förderliches Projekt.
2. Die konkrete Verwirklichung des Projektes wird dann mit einer Verwirklichungsmatrix unterstützt.

Praktische Anwendung

Das Visionsbild

Schreibe dein Vorhaben auf ein Blatt Papier. Bezeichne es möglichst genau. Bei der Formulierung sollte auf folgendes geachtet werden:

Schreibe nur das auf, was sich *erfüllen* soll.

Stell dir vor, du willst ein neues Geschäft eröffnen.
Wenn du z. B. schreibst: „Ich wünsche mir, dass ich ein neues Geschäft eröffne", so manifestierst du dir dadurch, dass du dir etwas wünschst, nicht aber, dass sich dies auch verwirklicht.

Eine fragwürdige Formulierung wäre auch: „Ich bitte darum, dass ich ein neues Geschäft eröffnen kann." Denn dadurch begibst du dich in die Position eines Bittstellers, der mitunter „nicht würdig ist" (diese Formulierung kennen wir doch von anderer Stelle?!), dass sich für ihn etwas Angenehmes verwirklicht oder dass einer seiner Wünsche in Erfüllung geht.

Der Erfolg wird *eingeladen*!

Eine sinnvolle und kraftvolle Formulierung, die gleichzeitig die Anpassung an das System des großen Ganzen offen lässt, wäre:
„Ich lade die Eröffnung des neuen Geschäftes in mein Leben ein."
Der Erfolg wird *eingeladen*!

Rolle nun dieses Blatt Papier zusammen, wie eine Pergamentrolle, die ein wertvolles Dokument darstellt. Du kannst sie mit einem Wollfaden oder einer Schnur umbinden.

Öffne mit *Elim* das morphogenetische Feld.

Formgebung

Gib nun die Rolle auf das Projektionsbild „Formgebung". Dadurch wird dein Vorhaben ganz klar in das morphogenetische Feld eingebracht.
Das Eingeben dieser Information erzeugt dort eine Schwingung, die eine Resonanz, eine Antwort hervorrufen wird.

Um es ganz klar auszudrücken: Du startest damit einen Test, der dir mitteilen wird, ob dein Wunsch oder Vorhaben im Sinne des großen Ganzen verwirklicht werden kann.

O Schließe nun mit *Oom* diese Informationseingabe ab.

Lass die Papierrolle nun für 1 bis 3 Tage auf dem Projektionsbild liegen.

Das morphogenetische Feld hat von dir einen Informationsimpuls erhalten und wird mit Gewissheit darauf antworten. Beobachte daher den Verlauf der nachfolgenden Tage recht genau. Du hast nämlich wie ein Orakel das Feld befragt und es wird dir zeigen, inwieweit dein Vorhaben mit der Entwicklungstendenz des großen Ganzen übereinstimmt.

Wenn wir beim einfachen Beispiel der Geschäftseröffnung bleiben, kann es Sinn machen, dass dies sofort stattfindet. Es kann aber auch sein, dass dein Timing diesbezüglich noch nicht passt und daher die Eröffnung zu einem etwas späteren Zeitpunkt sinnvoller wäre. Es kann aber auch sein, dass du mit deiner Idee, ein neues Geschäft zu eröffnen, zwar deinen tatsächlichen Fähigkeiten etwas näher gekommen bist, diese aber auf anderen Wegen besser verwirklichen könntest.
Du wirst in den nachfolgenden Tagen zumeist von anderen Menschen Anregungen oder Informationen erhalten, die dir zeigen können, in welcher Weise die Verwirklichung deines Wunsches im Moment

Sinn macht. Es wird leichtfallen, dies zu erkennen, vorausgesetzt du akzeptierst die Tatsache, dass das morphogenetische Feld uns über Zeichen antworten kann, welche zumeist von Menschen oder über „zufällig“ gelesene Texte uns übermittelt werden. Sobald wir eine innere Resonanz zu solch einer Botschaft verspüren, wird sie für uns bedeutsam sein und sollte beachtet werden.

Wir haben in den letzten Jahren eine Vielzahl wunderbarer Erfahrungen in diesem Zusammenhang gemacht. Eine Frau beispielsweise, die sich nicht klar war, ob sie aus ihrem sicheren aber aufreibenden Beruf aussteigen und sich neu orientieren sollte, stellte diese Frage an das morphogenetische Feld. Am selben Abend gab es im Kino einen Werbespot mit folgender Textpassage: „Tun Sie einmal etwas Ungewöhnliches! Kündigen Sie Ihren Job!“.

PRAKTISCHE ANWENDUNG

DIE VERWIRKLICHUNGSMATRIX

Über die aus unserem Leben nun erhaltenen Informationen wissen wir, inwiefern unser Wunsch oder unser Vorhaben in die Schwingungsmuster des morphogenetischen Feldes eingefügt werden kann; inwiefern dies dem großen Ganzen von Nutzen sein wird.

Du kannst deinen Wunsch, falls nötig, nun korrigieren.
Wenn du beispielsweise die Wahrnehmung hast, dass der Zeitpunkt der Geschäftseröffnung im Moment noch nicht gekommen ist, schreibe auf ein neues Blatt Papier:
„Ich lade die Geschäftseröffnung zum bestmöglichen Zeitpunkt in mein Leben ein."

Wenn du weißt, dass es nicht darum geht, ein Geschäft zu eröffnen und es für dich angebracht wäre, dich neu zu orientieren, kannst du z. B. schreiben:
„Ich lade in mein Leben Erkenntnis und Neuorientierung ein.
Möge ich aus hemmenden Glaubenssätzen und Vorstellungen entbunden werden.
Möge mir klar werden, wie ich meine Fähigkeiten jetzt bestmöglich einsetzen kann."

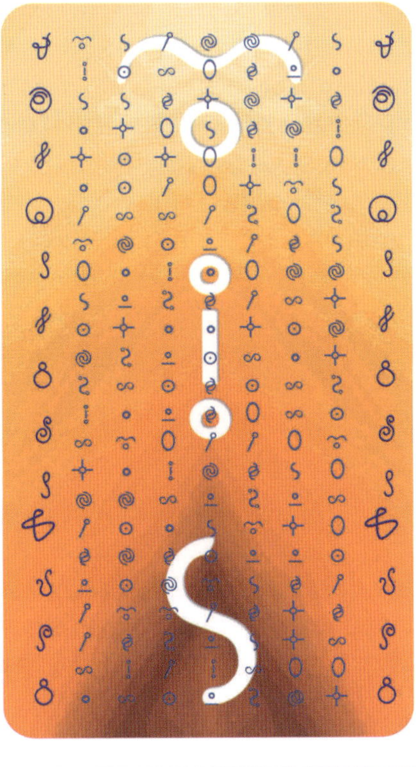

Wenn dein Vorhaben allerdings die Unterstützung aus dem morphogenetischen Feld findet, behalte das bereits geschriebene Blatt.
Rolle das Blatt wieder wie eine Pergamentrolle ein und umbinde es mit einem Faden oder mit einer Schnur.
Lege diese Rolle auf die nebenan abgebildete Matrix „Verwirklichung". Diese erzeugt im

morphogenetischen Feld eine Frequenz, welche die Wahrscheinlichkeit der Verwirklichung um ein Vielfaches erhöht. Das in deiner Rolle dargestellte Vorhaben wird über diesen Weg in das Feld einverwoben.

Belasse die Rolle für längere Zeit, am besten für einen ganzen Tag und eine ganze Nacht auf dieser Matrix.

Geld und Reichtum

**Die Energieform Geld stellt Werte dar.
Sie ist in ausreichendem Maße vorhanden.
Sie äußert sich in reiner Form als zyklisch und frei fließend.**

Es gibt wenige Themen, die so sehr mit der Vorstellung des Mangels behaftet sind, wie das Geldthema. Wenn uns aber klar werden kann, dass Geld in ausreichendem Maße vorhanden ist, wird sich nicht nur unsere Einstellung dazu verändern, sondern auch die Art und Weise, in welchem Maße es uns zufließt.

Wir werden nun Möglichkeiten zeigen, die *Energieform Geld* in ausreichendem Maße und mit Leichtigkeit in unser persönliches Leben einzuladen.

Geld ist nichts anderes als ein Sinnbild, *eine symbolhafte Darstellung für Werte*.
Wir haben häufig den Glaubenssatz in uns, dass Geld generell etwas „Schmutziges" sei. Ist es nicht sonderbar, dass wir Werte als etwas Unreines betrachten?
Es ist kaum möglich, etwas kraftvoll ins eigene Leben einzuladen, das nicht sauber ist. Wir leben in einer Wirklichkeit, die sehr

stark auf Resonanzen aufgebaut ist. Wenn wir also aufgrund einer negativen inneren Einstellung Geld ablehnen, so kann es von uns nicht angezogen werden.

Geld ist *in ausreichendem Maße vorhanden.*
Genauso wie die persönliche Haltung zum Geld das Vorhandensein dieser Energieform bestimmt, gilt dies auch für große wirtschaftliche Gesamtheiten und Kollektive. Wenn zum Beispiel eine Wirtschaftskrise befürchtet wird, findet sie auch mit sehr hoher Wahrscheinlichkeit statt. Immer wieder wurde beobachtet, dass in wirtschaftlichen Krisensituationen das Sparvolumen bedeutsam ansteigt. Das zeigt, dass in solchen Zeiten der Geldfluss gehemmt wird – denn je mehr davon ohne Zweck „auf der hohen Kante" liegt, umso mehr wird davon aus dem natürlichen Fließen entnommen.
Geld ohne Sinn und nur um der Menge wegen anzusparen ist gänzlich sinnlos. Wir geben dadurch dieser Energie keine Zielrichtung. Ein Geldsparen ohne damit verbundener Vision blockiert – sowohl das Verhalten dieser Energieform uns gegenüber, als auch das Fließen im großen wirtschaftlichen Ganzen.

Wenn das Geld als *fließende Energieform* begriffen werden kann, wird unser Verhältnis dazu mit Gewissheit um einiges leichter werden. Wir gestatten dadurch dieser Ener-

gie einerseits, uns in ausreichendem Maße zuzufließen. Wir erkennen aber auch, dass darin ein kraftvolles Potential liegt, das sich entfalten kann, wenn wir es zielgerichtet einsetzen.
Wenn die Zielrichtung, die wir dieser Energieform geben, allgemein hilfreichen Vorhaben dient, so wird sie aufgrund der Gesetzmäßigkeiten im morphogenetischen Feld in verstärktem Maße den Weg zu uns finden.

Reichtum gilt als Grundrecht, das *jedem Menschen* zusteht.

Geld will kommen und wieder gehen, in einem zyklischen Fließen. Lassen wir dies zu, so steht unsere persönliche energetische Matrix mit jener des Geldes in einem harmonischen Einklang. Dadurch werden wir dafür attraktiv und anziehend.

Es gilt als vielfach akzeptierter Glaubenssatz, dass Reichtum nicht glücklich macht und dass ein reicher Mensch nicht „ins Himmelreich“ eingehen könne. Wenn unter Reichtum verstanden wird, möglichst viele Güter und Geldmittel anzuhäufen und zusammenzuhalten, mag dies durchaus seine Richtigkeit haben.
Wenn wir allerdings Reichtum in unser Leben einladen, um möglichst viele Menschen daran teilhaben zu lassen, liegt darin ein großes Potential. Das morphogenetische Feld unterstützt alles, was im Sinne der Evolution wirkt. So auch einen Reichtum, der in diesem Sinne eingesetzt wird.

Wir gehen grundsätzlich davon aus, dass Reichtum genauso wie Lebensfreude und Sinnlichkeit Grundrechte des Menschen sind, die *von jedem* erreicht werden sollten. Wer es sich selbst mit bestem Gewissen gestattet, reich zu sein und diesen Reichtum nicht ausschließlich für sich selbst beansprucht, wird vom morphogenetischen Feld als wesentliche Entwicklungskraft erkannt und gefördert werden.

Praktische Anwendung

Die Geldenergie anziehen

Wir werden nun Möglichkeiten zeigen, durch die wir die fließende Eigenschaft des Geldes begreifen können und durch die wir für diese Energie anziehend werden.

Eine einfache Möglichkeit besteht darin, die fließende Eigenschaft der Geldenergie sinnbildlich darzustellen. Zeichne dazu das nebenan abgebildete Symbol *Nephta* auf ein Blatt Papier.

Nephta

Dieses Symbolbild stellt durch den Kreis das Geld dar - eine Andeutung der Münzenform. Die Wellenlinie darunter versinnbildlicht die fließende Eigenschaft dieser Energieform.

Dieses Symbol zieht Geld magnetisch an. Das bedeutet, dass sich bei Anwendung dieser Kraft in unserem Leben neue Möglichkeiten eröffnen wollen, durch die uns Geld zufließen kann. Es wirkt außerdem

auf unseren Geist öffnend, sodass wir die fließende Grundeigenschaft des Geldes schrittweise begreifen.
Wir haben immer wieder beobachtet, dass Menschen, die dieses Symbol verwenden, Geld in größerem Maße zukommt und dass sie auch spielerischer, leichter und freizügiger damit umzugehen lernen.

Gib dieses Blatt mit dem gezeichneten Symbol überall dorthin, wo dein Geld fließt, also in die Geldbörse, zu deinen Kontoauszügen oder in eine Kassa.

Praktische Anwendung

Die Aktivierung des Geldflusses

Um den Geldfluss zu aktivieren, kann man sich beispielsweise mit einer offenen Schale behelfen. Besonders effektiv wirkt dies, wenn die Schale eine glänzende, möglichst goldähnliche Farbe trägt. Sie kann als Zierobjekt in einem Raum, nach den Erkenntnissen des Feng Shui am besten im südöstlichen Bereich aufgestellt werden.

Fließen

Wir können solch ein Objekt mit dem Projektionsbild „Fließen" wirkungsvoll programmieren.
Positioniere dazu diese Schale auf das nebenan dargestellte Bild.

Öffne das energetische Feld der Schale, indem du über sie das Symbol *Elim* zeichnest.

Stelle dir nun vor, wie das Schwingungsmuster des Bildes „Fließen“ auf die Schale übergeht.

Zeichne zum Abschluss das Symbol *Oom* darüber.

Lass die Schale dort für einige Zeit (am besten über 24 Stunden) stehen. Danach ist das Schwingungsmuster der Schale mit der fließenden und geldanziehenden Kraft informiert.

Du kannst dieses Ritual zum Beispiel alle paar Monate wiederholen, um diese Information aktiv zu halten.
Wir können aber auch die Information **„Geldfluss“** direkt auf jene Objekte, die mit unserem Geld zu tun haben, mit Hilfe der nebenan dargestellten Matrix übertragen.

Lege dazu deine Geldbörse oder deine Kontoauszüge für ein paar Minuten auf diese Matrix.

Auch dieses Ritual kannst du nach einiger Zeit wiederholen.

Mit demselben Bild können wir uns einen „**Glücksstein**" programmieren.
Besonders Kristalle sprechen auf diese Frequenzmuster intensiv an. Sie nehmen sie wie ein Programm in sich auf und geben es in Form von Impulsen an ihr Umfeld wieder ab.
Wenn wir die Information „Geldfluss" auf einen Kristall übertragen und diesen bei uns tragen, hat dies vor allem auf uns selbst einen angenehmen Einfluss. Glaubenssätze und Denkmuster, die uns bislang behindert haben, werden schrittweise aufgelöst.

Eine leichte und spielerische Beziehung zu Geld kann in uns Raum nehmen. Innerer und äußerer Reichtum wird in unser Leben eingeladen.

Praktische Anwendung

Wertvolle Produkte sichtbar machen

Moraún

Zum Abschluss dieses Kapitels möchten wir eine Möglichkeit darstellen, durch die wir den tatsächlichen Wert von Produkten erkennbar machen können. Es geht darum, sichtbar zu machen, was ein bestimmtes Produkt kann. Jene Menschen, für die dieses Produkt hilfreich sein wird, nehmen es wahr und werden davon angezogen.

Zeichne dazu das bereits erwähnte Symbol *Moraún* über die Produkte zum Beispiel bei einem Verkaufsstand. Beginne beim Zeichnen mit der unteren Schale und ziehe danach die beiden anderen Linien, jeweils von unten nach oben.

ZUM AUSKLANG...

Die Matrix unseres Bewusstseins
ist vollkommen und unendlich.
Sie erschafft Wirklichkeiten.

WIR SIND die Matrix unseres Bewusstseins.
So sind wir es,
die Wirklichkeiten erschaffen.

Wir können uns daran erinnern.
Möge dieses Buch uns dabei begleiten.

Weitere Bücher von Werner Johannes Neuner zum Thema Matrix:

In diesem Buch werden 20 Zeitsiegelsymbole beschrieben, durch die mithilfe von Bewusstseinsformeln Kraftfelder erschafft werden können, welche die persönliche Wirklichkeit verbessern. Aus den Symbolen ergeben sich 43 Codes und Codons als praktische Anwendungsmethoden. Dies ist ein neuer und effektiver Weg, um die persönliche Matrix von Fehlprogrammen zu befreien und mit neuen Inhalten zu beleben.

Der Matrixcode und die Bewusstseinformeln
232 Seiten, Hardcover, Preis € 20,00 [D]

ISBN 978-3-902280-31-2

Dieses Buch fasziniert durch seine spannende und aufschlussreiche Schreibweise. Es nimmt uns mit auf eine Reise in das Geheimnis der Matrix. Es führt uns durch die Geistesgeschichte des Menschen, zu den Philosophen des antiken Griechenlands, zu den Gnostikern, den Katharern und den Mysterienschulen der Alchemie.
Wir erleben auf dieser Reise, dass die Menschen immer schon dem Geheimnis der Matrix auf der Spur gewesen sind.
Dieses vorliegende Buch ist ein Grundlagenwerk für all jene, denen es ein Anliegen ist, die Matrix zu ergründen und das persönliche Leben lebendig und lebenswert zu gestalten.

Die Matrix - Der Schlüssel zum ersten Bewusstsein
232 Seiten, Hardcover, durchgehend in Farbe
Preis: € 20,- [D]

ISBN: 978-3-902280-88-6

Alle Bücher von Werner Johannes Neuner sind erhältlich bei:

LIMARUTTI VERLAG
Schröttergasse 8, A-8010 Graz
Tel.: +43 (0)316 318 996
Fax: +43 (0)316 318 996-15
Email: office@limarutti-verlag.at
Home: www.limarutti-verlag.at